Ruth Heil · Du in mir

Ruth Heil

Du in mir

Tagebuchaufzeichnungen über Schwangerschaft und Geburt

johannis

Bibliografische Information Der Deutschen Bibliothek
Die Deutsche Bibliothek verzeichnet diese Publikation in der Deutschen Nationalbibliografie; detaillierte bibliografische Daten sind im Internet über http://dnb.ddb.de abrufbar.

ISBN-13: 978-3-501-01535-3
ISBN-10: 3-501-01535-6

Bestell-Nr. 72 460

Umschlagbild: Diaf/IFA-Bilderteam
Gesamtherstellung: St.-Johannis-Druckerei, Lahr/Schwarzwald
Printed in Germany 16360/2006

www.johannis-verlag.de

Meinem Mann und unseren Kindern, die mein Leben so unendlich reich machen.

Inhaltsverzeichnis

Vorwort

Ich habe Ruth Heil als Siebzehnjährige kennengelernt. Sie kam damals im Rahmen eines diakonischen Jahres als Haustochter in unsere Familie, um mir bei der Versorgung meiner eigenen fünf kleinen Kinder zu helfen, bevor sie ihre Ausbildung als Diplomkrankenschwester antrat. In unserem Hause hat sie auch ihren späteren Mann, der damals noch Theologiestudent war, kennengelernt.
Zu jener Zeit war sie bei uns eine Lernende. Nun aber durfte ich bei der Lektüre ihres Buches von ihr lernen und wurde reich beschenkt.
Es sind vor allem drei Botschaften, die ich aus diesem Mutterbuch heraushöre:
Die erste Botschaft ist, daß das Mutterwerden ein Wachstumsprozeß ist. Es ist Ruth Heil gelungen, dies in einleuchtender Weise darzustellen. Als Leser erlebt man von Seite zu Seite mit, wie sie allmählich in ihre Rolle als Mutter hineinwächst.
»Erst allmählich lerne ich, Wichtiges von Unwichtigem zu unterscheiden«, sagt sie. »Neue Kraftquellen erschließen sich nun.«
Nur wenn die Mutter sich als Mutter selbst voll angenommen hat und folglich auch ihr Kind voll annehmen kann, erschließen sich diese Kraftquellen, ohne die eine Mutter die schwierigen Situationen, in die sie unweigerlich kommt, nicht durchhalten kann.
Die zweite Botschaft, die mich an diesem Buch bewegt, ist die Tatsache, daß das Mutterwerden eben gerade keine Einengung bedeutet, kein Abgeschobenwerden auf ein Abstellgleis, sondern daß es im Gegenteil eine ungeheure Chance zur Selbstentfaltung ist.
»Es war ein Ausbrechen aus dem Ghetto meiner Pflichten, die ich mir selbst auferlegt hatte«, sagt Ruth Heil. Wer sich staunend mitfreuen kann, daß sie am Ende als Mutter von fünf Kindern sogar noch Zeit findet, das Flötenspiel zu erlernen, der hat die Botschaft dieses Buches begriffen und versteht von innen her, warum die Autorin einiges mitunter in einem Überschwang ausdrücken muß, den vielleicht nicht alle Leser nachvollziehen können.
Die tiefste Botschaft dieses Buches aber ist für mich, daß mir das

Wort Jesu neu aufging: »Wer ein solches Kind in meinem Namen aufnimmt, der nimmt mich auf.« (Matth 18:5)
Das bedeutet nichts weniger, als daß uns in jedem Kind Gott selbst begegnen will.
Viele würden diese Gabe der Gottesbegegnung und der Gottesfreude im Kind gern annehmen, aber sie scheuen vor der Aufgabe, die damit verbunden ist, zurück. Darum wird ihnen auch die Gabe nicht zuteil.
Ruth Heil bekennt selbst, daß sie mit dieser Versuchung ringen mußte: »Ich schäme mich… Ich will das Geschenk Kind, das mir Freude bereitet, ohne die Aufgabe Kind, die mir Arbeit macht.«
Weil sie sich jedoch der Aufgabe stellte, kann sie überzeugend folgende Erfahrung weitergeben: »Welch eine Geborgenheit erfahre ich, indem ich meinen Kindern Geborgenheit schenke!«
Mit diesem Satz rührt Ruth Heil von neuem an jenes beglückende Geheimnis: Gott will uns im Kind begegnen. Darum sind es eben nicht nur die Kinder, die bei ihren Müttern Geborgenheit finden, sondern es sind umgekehrt auch die Mütter, die durch ihre Kinder Geborgenheit empfangen – Geborgenheit in Gott.

Ingrid Trobisch

1 *Vorsicht: ansteckend!*

Ich erinnere mich an ein Erlebnis aus der Zeit, in der unser viertes Kind unterwegs war.
Wir hatten an einem Wochenendseminar für Ehepaare teilgenommen. Auf der Rückreise kamen wir mit einem Ehepaar ins Gespräch. Ich war im sechsten Monat und äußerte meine Freude über das werdende Leben in mir. Obgleich meine Begleiter dazu schwiegen, spürte ich doch ihre Ablehnung und Kritik. Darum sagte ich scherzend beim Abschied: »Keine Angst, diese Krankheit ist nicht ansteckend!« Zwei Jahre später trafen wir dieses Ehepaar wieder. Es begrüßte uns mir den Worten: »...und deine Krankheit war doch ansteckend!« – Da ich mich nicht mehr an unseren Abschied vor zwei Jahren erinnerte, war ich zunächst verdutzt und schaute die beiden verständnislos an. Da gaben sie mir lachend die Erklärung: »Wir haben eine kleine Tochter bekommen. Sie ist nun schon ein Jahr alt. Wir können uns unser Leben ohne sie nicht mehr vorstellen. Sie hat uns so reich gemacht...«
Und genau das ist mein Wunsch, der dieses Buch begleitet: daß auch andere diese Freude finden mögen, die in unser Leben gekommen ist durch das große Geschenk *Kind.*

25. Januar – Mein Geburtstag

Ich blicke noch einmal auf die 21 verlöschenden Kerzen, die mein Mann mir liebevoll auf den Zwiebelkuchen gesteckt hat. Ich weiß, was es für ihn bedeutet, mir gerade diesen Kuchen zu schenken, denn er mag ihn nicht. Es ist ein Geschenk seiner Liebe. Der Zwiebelduft hat sich in der ganzen Wohnung ausgebreitet. Er hat sich in das Aroma des Nachmittagskaffees gemischt und war stärker als der Duft all der vielen Blumen, die mir liebe Freunde geschenkt haben. – Nun liegt Hans-Joachim neben mir und schläft. Ich frage mich, warum ich nicht ganz glücklich bin. Irgend etwas bedrückt mich. Und dann wird es mir bewußt: ich warte noch immer vergebens auf das eine Geschenk, das ich mir gewünscht habe: ein Kind. Schon vor unserer Hochzeit sind wir uns einig darin gewesen, daß wir einmal viele Kinder haben wollten. Wir liebten Kinder und freuten uns auf unsere eigenen. Doch mehr als ein Jahr ist nun seit unserer Hochzeit vergangen. Ob wir je Kinder haben werden? Mir wird bewußt, daß dieses Geschenk nicht zu kaufen ist. Aber ich weiß auch, daß ich Gott darum bitten darf.

5. Mai

Heute wurde es mir vom Arzt bestätigt: ich erwarte ein Kind. Mein Kind – nein, unser Kind – ist unterwegs !
Ich freue mich unsagbar. Kaum kann ich es erwarten, bis Hans-Joachim es erfährt. Mir ist, als würde ich nach Hause schweben. Eine große Freude durchströmt mich. Wir werden ein Kind haben! In mir wächst es, jetzt schon lebt es. Die Vorgärten sind voller Blumen in den schönsten Farben – und auch in mir erwacht eine zarte Blüte zum Leben, es bildet sich eine Knospe, die ich einmal bestaunen, betasten und lieben darf.
Mir fehlen die Worte, mein Glück zu beschreiben.

23. Juni

Ich arbeite jetzt nur noch halbtags im Krankenhaus. Schon beim Aufstehen ist mir übel. Alles bringt mich durcheinander. Die verschiedenen Gerüche machen mir besonders zu schaffen. Gerade habe ich es heute noch geschafft, das Zimmer eines Patienten zu verlassen, bevor ich mich übergeben mußte. Eine Schwangerschaft hat offensichtlich nicht nur gute Seiten, auch dann, wenn man sich auf das Kind freut.
Manchmal bin ich schon bei Kleinigkeiten verzweifelt. Der Waschkorb mit Bügelwäsche schien mir wie ein unüberwindlicher Berg. Ich setzte mich davor und weinte. Hans-Joachim kam in die Küche und fragte bestürzt, was denn los sei. Als er den Grund hörte, schien er beruhigt. Aber gerade das brachte mich wiederum völlig aus der Fassung. Ich merke, daß er mich nicht versteht. Es ärgert mich, daß er das als klein empfindet, was mir groß scheint. – Jetzt am Abend, wo ich alles noch einmal überdenke, finde ich mein Benehmen lächerlich. Ich verstehe mich selbst nicht.

8. Juli

Das Verhalten von Frau K. regt mich täglich auf. Ständig hat sie Angst, daß ich mich zu wenig um sie kümmere. Dabei gebe ich mir doch gerade mit ihr besondere Mühe. Als ich ihr das Frühstück brachte, war ihr das Ei zu hart gekocht, der Kaffee war zu dünn und die Milch reichte ihr nicht. Ich nahm kurzerhand das Tablett und ging wieder hinaus. Sie beschwerte sich lautstark. – Ich ging den ganzen Tag nicht mehr ins Zimmer und bat Schwester Karin, diese Patientin zu übernehmen.
Ich erkenne mich selbst nicht wieder. Wo ist meine Geduld und Nachsicht für die Patienten geblieben? Ich plage mich mit Selbstvorwürfen und habe doch keine Kraft, anders zu handeln. Wer bin ich wirklich?

16. August

Vier Monate trage ich das kleine Wunder nun schon in mir. Etwa sechzehn Zentimeter groß ist es inzwischen geworden. Tag und Nacht begleitet es mich. Traum und Wirklichkeit werden von ihm beeinflußt. Ich sehe nichts von ihm und spüre es nicht, und doch ist mir sein Dasein sehr bewußt. Alte Bilder tauchen auf: Ein Operationssaal, eine narkotisierte Frau, die eröffnete Bauchhöhle, ein vier Monate alter Fötus in der Fruchtblase, seine unkontrollierten Bewegungen. Die Fruchtblase wird gesprengt – die Nabelschnur abgeklemmt – ein paar letzte Zuckungen wie von einem Ohnmächtigen, der sich zu wehren versucht. – Dann werde ich aufgefordert, den kleinen Menschen fortzutragen. Ich gehe den Gang hinunter. Kaum bin ich fähig, das Gefäß festzuhalten. Ich bin völlig durcheinander. Ich habe die sorgfältige Ermordung eines Menschen miterlebt. Und niemand trauert um ihn. Ausgelöschtes Leben, dem nicht einmal ein Detektiv nachspürt. Ich bin unfähig zum Weitergehen. Taumelnd finde ich an der Wand Halt. – Am nächsten Tag versorge ich die operierte Frau. Sie scheint erleichtert. Sie ist nicht verheiratet und wollte dieses Kind nicht. Ein angeborener Herzfehler half ihr, die »Last« medizinisch gerechtfertigt loszuwerden.
Mein Kind, ich weiß nicht, ob ich dir einmal ein angenehmes Leben bieten kann, ob ich so für dich sorgen kann, wie ich es gerne möchte. Doch du bist gewollt, von ganzem Herzen gewollt, erwartet, jetzt schon geliebt.

25. August.

Ich bin im fünften Monat der Schwangerschaft. Die körperlichen Beschwerden haben nachgelassen. Die Übelkeit am Morgen ist nicht mehr so stark. Das ist mir ein besonderes Geschenk. – Doch nun habe ich mit etwas anderem zu kämpfen: Mein Bauch beginnt sich zu runden. Ich komme mir so festgelegt vor, irgendwie erwachsen wie nie zuvor, so ausgeschieden aus der Reihe der Begehrenswerten. Diese Rolle fällt mir schwer. Unser Geheimnis ist keines mehr. – Irgendwie habe ich Hemmungen, unter die Menschen zu gehen. –
Wächst vielleicht deshalb in dieser Zeit der Isolation eine besondere Beziehung zu dem Kind, das ich in mir trage?
In manchen Momenten streiten Aggression und Zuneigung in mir. Ich glaube, es ist wichtig, diese Situation innerlich auszukämpfen und sie nicht zu verdrängen.

28. August

Erstaunt lausche ich nach innen. Etwas hat sich in mir bewegt. Es war in mir und doch nicht von mir. Kaum kann ich fassen, daß es mein Kind war. Eine unbändige Freude breitet sich in mir aus, ein nie vorher gekanntes Empfinden von Glück und Erfüllung. Ich darf Leben weitergeben!
Jetzt schlummert ein kleiner Mensch in mir, jetzt, zu dieser Stunde. Unbegreiflich. Ich frage mich, ob er meine Gefühle miterlebt, mein Denken wahrnimmt. Ob er weiß, wie sehr ich mich auf ihn freue? Noch 4 Monate. Warum dauert eine Schwangerschaft nur so lange?
Trotz der Freude ist da ein Bewußtsein der Hilflosigkeit, ja Angst vor dem Unbekannten, vor der Geburt, vor der neuen Situation als Frau und Mutter.
Aber die Freude behält doch die Oberhand. Schritt für Schritt besiegt sie die Sorge. Auf die gute Stimme zu hören und ihr immer wieder Glauben zu schenken, das ist meine wichtigste Aufgabe.

20. September

Wir haben gemeinsam das Buch »Husband-Coached Childbirth« von Dr. Bradley (Harper & Row-Verlag, New York) gelesen. Dr. Bradley beschreibt darin die wichtige Funktion des Mannes wäh-

rend der Schwangerschaft und bis hin zur Geburt. Der Mann solle aktiv mitarbeiten bei allen Vorbereitungen. Mit großem Enthusiasmus schildert Bradley die Geburt bei Tieren und weist auf die Natürlichkeit hin, mit der sie bei ihnen vor sich geht. Dazu gibt er praktische Hinweise, zum Beispiel als Entspannungsübung für die Wirbelsäule das Gehen auf allen Vieren durch die Wohnung. Hans-Joachim besteht nun darauf, daß ich es übe. Als »aktiver Mitarbeiter« muß er sich natürlich selbst beteiligen. Er schiebt sich durch die Beine der Küchenstühle und unter dem Tisch durch, von der Küche ins Wohnzimmer und ins Bad, immer durch Engpässe oder über Hindernisse hinweg. Wir lachen viel, und ich merke, daß diese humorvollen Stunden uns beiden gut tun. Sie haben nicht nur den erstaunlichen Erfolg, daß meine Kreuzschmerzen sich erheblich bessern, sondern sie bewirken auch ein Nachlassen der Spannung zwischen uns. – Oft nämlich fühle ich mich mißverstanden von ihm, nicht ernstgenommen. Ich bin schnell beleidigt und nachtragend geworden, Züge an mir, die ich vorher nicht kannte. Und ich bin ungewohnt launisch. Ist Hans-Joachim liebevoll zu mir, möchte ich meine Ruhe haben; schläft er neben mir ein, wünsche ich mir sehnlich eine Unterhaltung.
Die Schwangerschaft bringt mich so aus dem Gleichgewicht, daß ich mich selbst oft nicht leiden mag.
Um so mehr freue ich mich über diese gemeinsamen Stunden, in denen wir so gelöst lachen können beim Lesen des Buches und beim Ausführen der Übungen.

9. Oktober

Das Gefühl der Isolation läßt allmählich nach. Merkwürdigerweise werden die anderen um so positiver mir gegenüber, je weiter die Schwangerschaft fortschreitet. Oder ändere ich mich selbst? Über die »Wiedereinführung« in die Mitte der anderen, in das ganze Geschehen um mich herum, freue ich mich besonders.
Ich fand es nett, daß Frau Becker mich im Lebensmittelgeschäft bevorzugt bediente und daß niemand sich darüber ärgerte. Auch das kleine Kompliment, die Schwangerschaft habe mich richtig hübsch gemacht, hat mir geholfen, mich anzunehmen.
Der Postbote hat ein Paket gebracht. Es ist ohne Absender. Neugierig öffne ich es. Und was finde ich? Eine winzige blaue Strampelhose

und ein Babylätzchen. Auf einem blumenumrankten Papier lese ich: Für mein Enkelkind. Ich erkenne Mamas Handschrift. Große Freude spricht aus diesen Worten. Ob sie sich einen Jungen wünscht?
Die Zeichen des Teilnehmens helfen mir sehr über die Stunden hinweg, in denen ich mich nicht wohl fühle.

18. Oktober

Ein Brief an mein Ungeborenes

Mein geliebtes Kind,

noch kenne ich dich nicht. Nur das Bewegen in meinem Körper, das nicht von mir ausgeht, erinnert mich immer wieder an dein Dasein. Ich habe dich schon heute von Herzen lieb. Nicht nur weil du mein Kind bist, nein, du bist auch ein Kind dessen, der mir als Mensch auf dieser Erde am nächsten steht.
Viel kommt auf dich zu und auch auf uns. Du bist unser Erstes! Noch lebst du in einer geborgenen, dir nicht bewußten Welt. Niemand fordert etwas von dir, keiner will dich formen. Mit Freude warten wir auf dich. Wann endlich ist der Augenblick gekommen, an dem ich dich voll Freude in den Armen halten darf? Manchmal habe ich Angst vor diesem Augenblick, diesem Neuen und Unbekannten. Manche Nacht wird kommen, in der uns dein Geschrei zuviel werden wird. Du selbst weißt ja noch nichts davon. Tage werden kommen, an denen du dich über uns ärgern wirst oder wir dich nicht verstehen. Auch wird der Tag kommen, an dem du von uns gehst und wir von dir gehen.
Aber wir gehören zueinander und werden in Gemeinschaft bleiben, weil du ein Stück von uns Eltern bist, ein sichtbares Zeichen unserer Einheit. Wir wissen, daß Gott dich uns geschenkt hat; du bist sein Geschenk an uns!

30. Oktober

Wir ziehen um in eine größere Wohnung. – Besonders schwer fällt mir der Abschied von »meinem« Krankenhaus. Zu vielen Menschen dort, besonders zu solchen, die schon lange krank sind, habe ich guten Kontakt gefunden. Die starke Abneigung und Aggression

Mit Freude warten wir auf dich

gegenüber dem Verhalten der anderen ist gewichen. Nun kann ich mich besonders gut in die Situation der Kranken einfühlen. Es ist seltsam, welche starken Schwankungen eine Schwangerschaft bewirkt. Doch bin ich in der jetzigen Phase besonders glücklich, während mich die Phase der Ungeduld sehr bedrückte. Überhaupt finde ich diese letzten Wochen sehr befreiend. Auch körperlich fühle ich mich wohl.
Nach unserem Umzug werde ich keine neue Arbeit aufnehmen. Auf diese Weise kann ich Kraft schöpfen für meine neue Aufgabe, Mutter zu sein.

10. November

Ich möchte, daß Hans-Joachim bei der Geburt dabei ist. Es ist auch sein Wunsch. Aber dann packt mich manchmal die Angst, zu versagen, mich nicht beherrschen zu können. Ich will nicht, daß er mich in solch einem erbärmlichen Zustand erlebt. Dabei denke ich an die vielen Geburten, die ich als Krankenschwester miterlebt habe. Es waren etwa fünfzig. Obwohl mich das Geburtsgeschehen immer wieder faszinierte, erinnere ich mich auch an die Stunden, in denen sich die Frauen hilflos mit ihren Wehen im Bett herumwälzten. Nur wenige der Ehemänner warteten in einem Vorraum. Dort sah ich sie meist hinter einer großen Zeitung sitzen, die sie beiseite schoben, wenn sich die Tür bewegte. Erwartungsvoll, hoffnungsvoll, aber auch ängstlich schauten sie mich an, wenn ich herauskam. Ich erinnere mich an einen Mann, der seine Zeitung sogar verkehrt herum hielt!
Ist es wohl richtig, den Mann auszuschließen? Ist es nicht besser, ihn teilhaben zu lassen? Sollte der werdende Vater nicht vielmehr diese Stunde des Versagens, der Angst, der »Krankenhausatmosphäre« miterleben. – Ja, mehr noch: Zeuge dieses großen Augenblicks sein, an dem das neue Leben zur Welt geboren wird? Ich denke an die Augen der Frauen, aus denen so viel Licht und Freude sich versprühte, wenn das Kind geboren war. Von fremden Menschen war ich nach der Geburt geküßt und umarmt worden; ja einmal hatte eine Mutter aus lauter Freude meinen Arm so fest gedrückt, daß er noch tagelang schmerzte. Dieses Teilhaben stand doch eigentlich nicht mir zu. Ich nahm etwas in Empfang, das dem engsten Vertrauten gehörte, dem eigenen Mann.

Wie mag das bei Maria gewesen sein? Aufmerksam lese ich daraufhin noch einmal die Weihnachtsgeschichte im Lukasevangelium. In der damaligen Zeit war es üblich, daß Verwandte bei der Geburt anwesend waren oder auch sogenannte Wehmütter, meist verheiratete Frauen. Ich mache eine erstaunliche Entdeckung, die mir fast den Atem raubt: Maria und Josef hatten in Bethlehem nur einen Platz im Stall gefunden, fernab von aller Betriebsamkeit. Und dort in dem Stall muß dann wohl auch Josef Geburtshelfer gewesen sein. Denn von Maria heißt es: »sie wickelte (Einzahl!) Jesus in Windeln und legte ihn in eine Krippe« (Lukas 2,7).
Niemand war da zum Helfen. So fanden dann auch die Hirten, die als erste die frohe Botschaft gehört hatten, nur Maria und Josef, dazu das Kind in der Krippe (Lukas 2,16). In dieser lauten Nacht der Geschäftigkeit und Betriebsamkeit erlebten zwei sich liebende Menschen, was es heißt, gemeinsam durch die Tiefen zu gehen und gemeinsam in Glückseligkeit die Ankunft des Kindes zu erleben. Vielleicht waren es gerade diese Stunden, durch die dem Mann der Maria eine innige Beziehung zu Jesus geschenkt wurde, so daß er sich wie ein Vater für ihn einsetzen konnte.
Ich denke da besonders an die Flucht nach Ägypten.
Ja, mein Mann soll dabei sein! Ich will, daß wir diese Augenblicke gemeinsam erleben.

29. November

Gestern waren wir zusammen bei einer weiteren Schwangerschaftsuntersuchung. »Sie möchten also Ihren Mann bei der Geburt dabei haben?« – »Ja« – »Sind Sie sich auch bewußt, was ihr Mann dabei ertragen muß? Er sieht Sie leiden und kann Ihnen nicht helfen. Er wird vielleicht ohnmächtig, wenn er Blut sieht – und dann müssen wir auch noch ihn versorgen. Oder er regt sich zu sehr auf und hindert uns an der gemeinsamen Arbeit.« Der Arzt blickte mich zweifelnd an. Ich aber erwiderte: »Ich bin sehr froh, wenn er in diesen Stunden bei mir ist – und er will es auch. Wenn Sie meinen, es nicht verantworten zu können, so wollen wir in einem anderen Krankenhaus entbinden.« Er lachte laut auf: »So so, Sie wollen also das Kind zusammen bekommen? Nun, dann kommen Sie nur. Da möchte ich auch dabei sein: ich mache mit!«
Seit ich weiß, daß Hans-Joachim bei mir sein wird, bereite ich mich

auf die Geburt vor wie auf ein Examen. Sogar für gewisse gymnastische Übungen habe ich jetzt mehr Eifer. Ich will alles tun, damit es ein gutes Erlebnis für uns beide wird.

5. Dezember

Unser Kleines wächst. Bald bin ich im 9. Monat. Das Bücken fällt mir schwer, und das Treppensteigen geht auch nicht mehr so schwungvoll. Das Baby scheint die Nacht zu bevorzugen, um sich bemerkbar zu machen. Tagsüber ist es relativ ruhig, aber in der Nacht wird es lebhaft, als wollte es mir zeigen, daß es auch aktiv ist. Hoffentlich macht es das mit dem Schreien später nicht auch so. Wir haben für sein Kommen den 10. Januar berechnet. Ob es sich nach unserem Kalender richtet oder seinen eigenen bevorzugt? Abends bekommt unser Spatz eine ganze Menge Küßchen von seinem Papi auf meinen Bauch. Dabei werde ich manchmal fast vergessen – aber dann protestiere ich, denn ich habe doch schließlich ältere Rechte!

14. Dezember

Ich bin im Kreißsaal. Am Donnerstag hatte ich einen vorzeitigen Blasensprung, und Ha-Jo mußte mich schnell ins Krankenhaus bringen. – Da die Fruchtblase schon gesprungen ist, gibt man mir keine Medikamente; man versucht, die Geburt nach Möglichkeit hinauszuziehen, da der Geburtstermin erst in vier Wochen ist. Hans-Joachim kann natürlich nicht die ganze Zeit bei mir sein. Aber man hat mir versprochen, ihn zu rufen, sobald die Wehen in kürzeren Zeitabständen aufeinander folgen. Ich bin so froh, daß Ha-Jo bei der Geburt dabei sein darf.

15. Dezember

Der Raum ist schwach beleuchtet, und dafür bin ich dankbar. Ich fühle mich ohnehin recht elend. Zwei Tage und zwei Nächte habe ich nun schon Wehen. Sie sind zwar gerade noch erträglich, hindern mich aber am Einschlafen. Aufstehen darf ich auch nicht. Durch den Blasensprung ist das Kind nun noch tiefer in den Beckenboden getreten, und ich habe ständig den Drang, zur Toilette zu gehen.

Aber auch davor habe ich Angst, denn die Nachtschwester möchte in ihrer Ruhe offensichtlich nicht gestört werden, obwohl sie Dienst hat. Sie kommt mit unfreundlicher Miene herein, schiebt mir den Topf unter und verschwindet wieder. Nicht einmal ihren Namen weiß ich. Ich wage es nicht, sie zu rufen, weil sie dann vielleicht ärgerlich wird. Sie hat noch kein Wort mit mir gesprochen. Ab und zu untersucht sie mich, murmelt etwas vor sich hin und geht wieder. Ich sehne mich nach einem einzigen aufmunternden Wort, oder auch nur nach einem menschlichen Laut. – Ich stelle mir vor, wie Ha-Jo jetzt zu Hause in seinem schönen warmen Bett liegt und schläft.

16. Dezember

Nun bist du da:
Du kleines Menschenwesen! Unser lieber Markus! Schon habe ich dich in meinen Armen gewiegt, und vor Freude mußte ich an mich halten, um dich nicht zu fest zu drücken. Du bist ein kleiner Schatz mit deinem dunklen Haarschopf und deinen blauen, goldigen Augen, die ich nur selten sehe, weil die Lider noch so schwer sind. Und das Aufmachen kostet ja sooo viel Kraft. Wenn du dann in meinem Arm liegst, holst du manchmal meinen Finger und hältst ihn fest, als wolltest du ihn nie wieder loslassen. Heute hast du ihn an deinen kleinen Mund hingezogen, von dem man sagt, daß er dem deines Vaters ähnlich sieht, und hast ein wenig vorwurfsvoll daran herumgenagt, weil keine Milch kam. Aber auch das kommt noch. Nur Geduld, mein Kleines.
Kurz nach Mitternacht habe ich deinen ersten Schrei gehört. Da warst du ein kleines, blaues Etwas, das zwischen den Händen des Arztes noch an der Nabelschnur hing. Dein Vater war auch da. Er hat mich während deiner Geburt immer ganz wundervoll getröstet und meinen Kopf in seinen lieben Händen gehalten.
2980 Gramm bist du schwer, fast 3 Kilogramm. Doch während der Geburt dachte ich, du müßtest mindestens einen Zentner wiegen. Ich hatte mir alles viel einfacher vorgestellt. Doch durch die vorausgegangenen Nächte war ich so schwach, daß ich bei den Preßwehen nur wenig Kraft hatte, mitzuarbeiten. Durch die Steißlage zog sich alles noch länger hin. – Als die Geburt dann endlich vorüber war, war ich völlig erschöpft, doch auch unendlich glücklich.

20. Dezember

Ich liege in einem Zweibettzimmer. Meine Nachbarin hat schon vor mir entbunden. Mit großer Leichtigkeit und Selbstverständlichkeit stillt sie ihr Kind. Bei mir will es nicht so recht klappen. Wenn Markus endlich zu trinken anfängt, wird er schon wieder von der Schwester mitgenommen und gewogen. Das Ergebnis stimmt mich traurig. Es ist immer zu wenig. Das Kind meiner Nachbarin dagegen trinkt ständig mehr, als es der Tabellenwert angibt. Ich komme mir vor wie unter einem Leistungszwang. Schon bei Kleinigkeiten breche ich in Tränen aus. Ich finde das schrecklich und kann trotzdem nicht aufhören zu weinen. – Immer wenn mein Kind gebracht wird, löst sich jedoch alle Verkrampfung in mir. Auch wenn ich ihm nicht genügend Milch geben kann, an Liebe fehlt es nicht. Ich habe das Kleine in meinen Armen. Es schaut mich an, und in seinen Zügen schaue ich mich selbst an, trete mir gegenüber, begegne einem Teil meines eigenen Seins, darf im Grund einen Teil meiner selbst uneingeschränkt lieben, ohne dabei Egoist zu sein. Ich finde einen Weg zu mir, indem ich meinem Kind nahekomme. Ein Stück Selbstannahme vollzieht sich, ein Glück über mein Dasein durch sein Dasein. Ich möchte mich verströmen und auflösen im Jubel, Mensch zu sein.

22. Dezember

Noch bin ich im Krankenhaus. Morgen darf Ha-Jo unser Baby und mich nach Hause holen. Nun sind wir eine richtige Familie. Ich freue mich, unseren kleinen Eindringling von nun an immer um mich zu haben, aber ich habe auch Angst. Werde ich alles richtig machen?

23. Dezember

Wir sind zu Hause!
Hans-Joachim hat alles so lieb gerichtet. An der Tür hängt ein großes Schild. Aus einer Zeitungsreklame ausgeschnitten, sitzt ein Sperling auf einem Hausdach. Darunter ist aufgeklebt: Die Spatzen pfeifen's von den Dächern: Wir haben einen Sohn bekommen!
Im Wohnzimmer stehen große Tannenzweige in der Vase. Ach ja, es

ist Weihnachten! Die Menschwerdung Jesu wird mir neu groß. Wie hilflos kam er zur Welt, der König aller Könige, um uns durch seine Armut zu beschenken!
Ich packe Markus in den Stubenwagen. Er sieht so winzig aus, so zerbrechlich. So viele Kleinkinder und Säuglinge habe ich in meinem Beruf schon versorgt, aber ich fühle mich meinem eigenen gegenüber sehr unsicher. – Es ist nur gut, daß Hans-Joachim da ist. Wir zwei stehen vor dem Bettchen, halten uns an den Händen und schauen uns beglückt in die Augen.

2 *Nachtmusik*

24. Dezember

Unsere erste gemeinsame Nacht als Familie liegt hinter uns. Ich liege total erschöpft im Bett. Was für eine Riesenstimme wohnt in diesem winzigen Körper! Diese Nacht war eine Mischung aus Kälte (der Hausherr hatte die Heizung kleingedreht), aus Schweiß – denn beim nächtlichen Stillen im Bad lief mir vor Schwäche das Wasser am Körper herunter – und aus Geschrei, denn immer, wenn wir eingeschlafen waren, fing Markus wieder an zu schreien. Durch seine frühe Geburt ist er trinkschwach. Das Trinken kostet ihn viel Kraft. Durch diese Anstrengung kommt es, daß er beim Trinken immer wieder einschläft. Wegen der zu geringen Nahrungsaufnahme wacht er bald von neuem auf und schreit.

30. Dezember

Seit einer Woche sind wir jetzt zu Hause. Ich bin nicht mehr so sicher, ob ein Kind mehr Freude oder mehr Unannehmlichkeiten mit sich bringt. Nun ist auch noch die Waschmaschine defekt. Ich habe alle Wäsche mit der Hand gewaschen. Als ich dann stillen wollte, kam kaum Milch. Nun weiß ich, daß ich vor dem Stillen etwas ruhen muß. Überhaupt bereitet mir das Stillen nicht die große Freude und Erfüllung, von der mir Ingrid Trobisch erzählt hat. Ich teile absolut nicht ihre Begeisterung. Ich finde nicht einmal die richtige Stellung dazu. Im Liegen klappt es gar nicht, und im Sitzen strengt es sehr an. Ich tue es nur um des Kindes willen! – Im Schaukelstuhl finde ich die Prozedur noch am ehesten erträglich.

20. Januar

Ich bin »fertig«. Ha-Jo nicht weniger. Wir sind ratlos und hilflos und voll von Aggressionen. Ich mußte mich schon mehrmals beherrschen, um ihn nicht anzuschreien, und fühlte mich dabei er-

bärmlich. Ich möchte ihm die Schuld geben für das ganze Geschrei und weiß doch, daß dies unfair wäre.
Heute nacht schoben wir den kleinen Schreihals ins Wohnzimmer, als er wieder nicht aufhören wollte mit seiner »Musik«. Aber immer, wenn er still wurde, hatte ich Angst, er habe erbrochen, bekomme keine Luft oder ähnliches. So stand ich auf, um nachzusehen, ob er noch atme. Von dem Öffnen und Schließen der Tür wachte er regelmäßig wieder auf und begann sein Konzert von vorne. Es ist ein böser Kreislauf. Wie werden nur andere Eltern damit fertig – ja sogar mit zwei oder drei Kindern? Ich bin den ganzen Tag beschäftigt mit Füttern, Wickeln, Kochen und Bügeln. Geht das jetzt immer so weiter?
In fünf Tagen ist mein 22. Geburtstag. Ich komme mir alt vor und verbraucht. Dieses Gefühl habe ich früher nicht gekannt. Ich werde wohl lernen müssen, damit zu leben.

27. Januar

Beate hat mich heute angerufen. Sie berichtete mir von ihrer Situation: es bringt sie jedesmal in Aufregung, wenn das Kind schreit und ihr Mann ruhig weiterschläft. Manchmal leuchtet sie ihm, nachdem sie das Kind versorgt hat, mit der Taschenlampe so lange ins Gesicht, bis er aufwacht. Dann legt sie sich neben ihn ins Bett, um zu schlafen. Zwar bin ich noch nicht auf den Gedanken gekommen, meinen Mann mit der Taschenlampe aufzuwecken, doch glaube ich, daß ich absolut dazu fähig wäre. Oft fühle ich ganz ähnlich. Wie ein Eindringling kommt mir das kleine schreiende Bündel vor, das sich im besten Schlaf, bei der schönsten Unterhaltung bemerkbar macht, unüberhörbar, fordernd, lautstark. – Ob Hans-Joachim auch so fühlt? Ich bin sehr müde, doch zu wach zum Einschlafen. Tausend Gedanken gehen mir durch den Kopf. Wie schwer muß ihm vieles während der Schwangerschaft gefallen sein, mein verändertes Aussehen, meine Unausgeglichenheit, mein Gejammer. Ich will versuchen, auch ihn zu verstehen.

8. Februar, 7 Wochen nach der Geburt von Markus

Ich bin in Sorge, ob Markus von meiner Milch noch satt wird. Sie sieht nicht so weiß wie Kuhmilch aus, fast etwas wässerig. Heute war ich in der Mütterberatung, und man hat mir geraten, ich solle anfangen, die Flasche zu geben. Das Gewicht lag etwas unter der Norm des Tabellenwertes. Vielleicht hat mein armes Kind nur Hunger? Die dauernde »Wiegerei« fällt mir auf die Nerven.

22. Februar

Markus schreit nicht weniger, seit ich ihm die Flasche gebe. Wir haben uns aber ein wenig an das Geschrei gewöhnt und sind nicht mehr so ängstlich, seit die Untersuchung beim Kinderarzt ergab, daß er gesund ist. Der Arzt erklärte uns, daß dieses »Vierteljahresgeschrei« bei manchen Kindern vorkomme. Meine Milch geht spürbar zurück. Ich füttere den Kleinen nur noch zweimal an der Brust. Irgendwie war das fünfmalige Stillen trotz der Strapaze schöner. Ich vermisse etwas, kann es aber nicht in Worten fassen. Schade, aber es ist nicht zu ändern.

10. März

Das erste Lächeln! Bewußt oder unbewußt? – es kümmert mich nicht! Das ganze kleine Gesicht meines Kindes hat mich angestrahlt wie eine helle, warme Sonne. Diese Glückseligkeit entschädigt mich für viele durchwachte Nächte. Den ganzen Tag möchte ich singen. Kaum kann ich es abwarten, bis Hans-Joachim nach Hause kommt.

14. März

Bald ist Frühlingsanfang. Warm scheint die Sonne durchs Fenster. Ich bin froh, daß die ersten Wochen nach der Geburt hinter mir liegen. Der Kleine schläft in der Nacht durch, und ich fange an, mich zu erholen. Trotz aller Schwierigkeiten waren die drei Monate doch eine erfüllte Zeit. Oft stehe ich am Bettchen und lausche den Atemzügen des kleinen Schläfers. – Oder, wenn Markus wach ist, stelle ich ihn in seinem tragbaren Liegesitz auf den Küchentisch und plaudere mit ihm, während ich Kartoffeln schäle oder einen Brief schreibe. Wie schnell verfliegt jetzt der Tag, bis Hans-Joachim nach Hause kommt! Fast täglich entdecke ich eine Neuigkeit. Der kleine Mensch ist zu einem richtigen Gegenüber geworden. Am liebsten hat er es, wenn er ganz nah bei mir ist und ich ihn auf dem Arm herumtrage. Er möchte schon jetzt nicht allein sein.

Hans-Joachim ist ganz »wild« auf seinen Sohn

Hans-Joachim ist ganz »wild« auf seinen Sohn. Kommt er nach Hause, so nimmt er ihn gleich auf den Arm. Er wickelt ihn auch schon recht gut. Wenn er ihn aber füttert, zeigt alles hinterher die »Speisekarte«. Markus ißt sehr schnell. Wenn der Löffel dann nicht rechtzeitig wieder auftaucht, schreit er lauthals, und die Karotten- oder Spinatreste, die noch im Mund sind, kleben an den Kleidern, am Tisch, auf dem Boden.
Am Wochenende unternehmen wir ausgiebige Spaziergänge. Der Kleine liegt in der Babytasche und darf überall mit. So schaukelt er zwischen uns hin und her und verschläft den größten Teil der Zeit, die wir in der schönen Natur verbringen. Doch die Luft tut ihm gut.

10. Mai
Muttertag

»Meine liebste Mutter,
heute ist Muttertag, Dein Tag. Eigentlich ist es ungerecht, nur einen Tag dafür zu bestimmen, denn Du bist mir so kostbar, daß jeder Tag Anlaß ist zum Danken, daß es Dich gibt. Welch eine wunderbare Bestimmung Gottes, eine Mutter haben zu dürfen! Nun bin ich groß geworden, ausgeflogen – und doch bin und bleibe ich Dein Kind. Welch ein Geschenk! Hab herzlichen Dank für alles Mitdenken, Mittragen, Mitsorgen. Am meisten Dank hab für Deine Liebe, die mir so kostbar ist. Du bist meine Mutter, ich bin Dein Kind, und wir gehören zusammen, auch wenn wir nicht beieinander wohnen. Ich bin geprägt von Dir; meinem Muttersein ist Dein Muttersein vorausgegangen, und nur so konnte ich die unfaßbare Freude erleben, auch Mutter zu werden.
Eine Generation nach der anderen geht. Eines aber bleibt unvergänglich im Wandel der Geschichte und der Zeiten: Das Bild der liebenden Mutter im Herzen ihres Kindes. Wo es lebendig ist, da wird ein Volk zum großen Volk, das auch Lasten tragen kann. Wo es fehlt, da stirbt die Freude; und das reichste Land ist arm, wenn ihm die Liebe fehlt, wenn die Geborgenheit in der Kindheit verlorengeht, die allein Voraussetzung ist, erwachsen zu werden und Verantwortung zu übernehmen. Die Angst wächst, die Liebe stirbt, die Schaffenskraft erlahmt. Das Leben wird zur Last. Man möchte keinem Kind zumuten, in diese feindliche Welt hineingeboren zu werden, und versäumt damit auch die Freude, das Leben als schön

zu empfinden. Nur weil ich selbst ganz Kind sein durfte, sind mir die Anforderungen des Erwachsenseins keine Last, sondern eine Aufgabe, die ich bewältigen darf und die mir Befriedigung gibt. Weil Du mich so liebst, bin ich fähig, nun auch zu lieben.
Nun bin ich Kind und Mutter zugleich – und nur weil ich Dein Kind sein darf, kann ich eine rechte Mutter sein. Was für ein Gottesgeschenk bist Du. Sei in Liebe umarmt, Du liebe, allerliebste Mutter, von Deinem Kind.«
Seit ich Mutter bin, habe ich zu meiner eigenen Mutter ein neues Verhältnis gefunden. Wir verstanden uns früher nicht sehr gut, ich haßte sie sogar in manchen Momenten, wenn ich mich benachteiligt fühlte gegenüber meinen Geschwistern. Heute sehe ich vieles anders. Ich erlebe Situationen, die ihr schon begegnet sind, lange bevor sie auf mich zukamen. – Ja, ich liebe meine Eltern. Wir sehen uns nicht oft, doch wir wissen uns miteinander verbunden. Welch ein Reichtum!
Die Geburt ist eine Herausgabe meines Kindes gewesen, ein Abgetrenntwerden von ihm. Bei der Durchtrennung der Nabelschnur empfand ich dieses Erkennen wie einen Schmerz: so nah werde ich nie mehr mit ihm verbunden sein, so unmittelbar wird es nie mehr zu mir gehören. Und doch wird es nur dadurch für mich zum Gegenüber, daß es von mir getrennt wird; nur deshalb kann es eine eigene Persönlichkeit werden, weil es selbständig wird; nur dann kann es weiter wachsen und sich entwickeln, wenn es im rechten Moment die Geborgenheit der Gebärmutter verläßt, um zur Welt zu kommen. Die Freude, ein Kind zu haben, kostet den Preis des Loslassenkönnens, ein Aufgeben der Bequemlichkeit und einen Verlust an persönlicher Freiheit.
Um meinem Kind den Weg zum eigenen Leben freizugeben, muß man die Nabelschnur durchtrennen. Dies war nur die erste Stufe des Loslassens. Doch immer wird die Freude weit größer sein als der Preis, der zu zahlen ist. Auch die Ehe wird sich vertiefen und bereichert werden, während unser Kind heranwächst. In diesem Raum der Freiheit wird es sich ungehindert entfalten können.

24. Mai

Markus ist fünf Monate alt. Er ist einfach goldig. Als ich ihn heute wickelte, hat er sanft mein Gesicht betastet. Dabei sah ich seine strahlenden Augen. Es war, als könnten sie sprechen: Du bist da. Wie gut, daß du da bist. – Und in meinem Inneren antwortete es: Du bist auch da. Wie gut, daß du da bist. Wie reich hat dieses kleine Menschenkind uns gemacht! Wir empfinden es als wohltuend, daß wir nicht mehr nur ein Ehepaar, sondern eine Familie sind. Das Kreisen nur um uns, als lebten wir zwei für uns allein, hat aufgehört. Durch unser Kind hat sich unser Lebensraum erweitert. Wir haben in diesen Monaten viele Freunde gefunden; Menschen kamen, um mit uns die Freude über unser Kind zu teilen – und gingen, nachdem sie auch ihre Last mit uns geteilt hatten. – Offensichtlich hat unser Kind uns fähig gemacht, zu Hörenden zu werden.

3 *Saure Gurken*

27. Mai

Durch das Stillen hat sich die Zeit des ersten Eisprungs um einige Wochen verzögert. Wir hatten nicht gedacht, so schnell ein zweites Kind zu haben, obwohl wir uns mehrere Kinder wünschten. Nun ist es unterwegs.
Eigentlich fühle ich mich noch nicht fähig zu dieser neuen Aufgabe. Trotzdem ist es von neuem ein tiefes Erlebnis, Leben in mir zu tragen. Ich, ein vergängliches Wesen, habe Teil an der Schöpfung. Der unvergängliche Gott gebraucht mich. Wie wertvoll muß ich ihm sein.
Eine neue, gute Erfahrung hat sich eingestellt: Die Übelkeit und das Erbrechen machen mir weniger zu schaffen als in der Schwangerschaft mit Markus. Doch psychisch bin ich wieder sehr labil. Darunter leide ich sehr. Hans-Joachim versteht meine Launen oft nicht. Heute habe ich mich ans Bettchen von Markus geflüchtet und trübsinnig meine Lage überdacht. – Von Markus fühlte ich mich allerdings auch nicht gerade verstanden. Er zog sich an den Stäben hoch, zerrte an meinen Haaren und jauchzte laut auf, wenn ich ein langgezogenes »Au« hören ließ. Er krabbelte auf allen Vieren zu mir und legte sich dann auf den Rücken, um mein Gesicht zu sehen. Mit seiner Hand griff er mir in den Mund und betastete meine Zähne. Immer wieder lachte er froh auf, wenn er mir einen Ton entlocken konnte. Diese Kur war sehr hilfreich. Es war wie eine Lektion, die mir der kleine Kerl verabreichte: Du, so etwas wie mich willst du nicht noch einmal? Doch, ich will! Natürlich will ich.

17. August

Hans-Joachim nimmt auf seine Weise an der Schwangerschaft teil. Zwar hat er keine »Gelüste« auf saure Gurken, aber immer wieder nach etwas Bestimmtem zu einer ungewöhnlichen Zeit. So läutete ich gestern abend um neun Uhr noch bei unseren Nachbarn, um eine Flasche Bier zu kaufen. – Und dann gab der Nachbar sie mir, verständnisvoll lächelnd! Na, wenn der gewußt hätte!

15. September

Situationen, die mich sonst kaum aus dem Gleichgewicht brachten, machen mich jetzt angriffslustig und manchmal fast hemmungslos. Auch entdecke ich mich dabei, wie ich hin und wieder unangemessen hart reagiere. Als Elisabeth mir am Telefon ihre Probleme erzählte, konnte ich mich wenig einfühlen. Ich war nicht sehr nett zu ihr. Immer wieder lerne ich die ganzen Abgründe meines Wesens kennen und bin erschüttert über das, was in mir versteckt ist. Ich schäme mich, Hans-Joachim weiß kaum, wie er mit mir umgehen soll. Er ist lieb zu mir; doch habe ich das Gefühl, daß er von meiner Schwangerschaft nur wenig Notiz nimmt. Wie sollte er auch? Zugleich aber erlebe ich augenblicklich eine Zeit großer Schaffensfreude, den Reichtum tiefgehender Erlebnisfähigkeit. – Die ganzen Möglichkeiten meines Daseins, meines Empfindens der Tiefen und der Höhen scheinen aufgetan. Es ist ein Reichtum, den es ständig neu zu ordnen und zu bewältigen gilt. Wenn nur die Übergänge fließender wären! Ich bin resigniert und siegesfreudig, verzweifelt und bald danach wieder »wie auf Wolken schwebend«.

8. Oktober

Wir sind wieder umgezogen. Und nun liegt »unser Krankenhaus« zu weit entfernt, als daß es für diese zweite Geburt in Frage käme. Schon jetzt sind wir auf der Suche nach einem Arzt und einem Krankenhaus, in dem Hans-Joachim bei der Geburt anwesend sein darf. Ich könnte mir gar nicht mehr vorstellen, daß er nicht dabei ist. Ohne ihn will ich unser Kind nicht bekommen, ja, mir scheint fast, ich könnte es gar nicht ohne ihn schaffen.
Wir haben mit unserem neuen Arzt gesprochen. Sicher hat er unsere Entschlossenheit gespürt, nur dann bei ihm zu entbinden, wenn Hans-Joachim während der ganzen Geburt bei mir sein darf. Schließlich gab er seine Einwilligung.
Seitdem merke ich, daß ich viel weniger Angst vor der Geburt habe.

16. Oktober

In zwei Monaten ist der erste Geburtstag von Markus. Ich habe eine besondere Überraschung für ihn. Wenn unser Zweites zum normalen Termin auf die Welt kommen wird, dann hat Markus an seinem Geburtstag ein Geschwisterchen. Können wir ihm ein besseres und schöneres »Spielzeug« schenken als dieses? Wie freue ich mich auf dieses Geschenk, das einmalig, unbezahlbar, unnachahmlich und kostbar ist. Ich weiß, daß eine Menge Arbeit auf mich zukommt, aber ebenso bin ich sicher, daß auch ein volles Maß an Freude mit diesem Kind auf mich wartet.

5. November

In einem guten Buch über die Entwicklung des Kindes während der neun Monate im Schoß der Frau fand ich die Aussage, daß die Schwangerschaft die schönste Zeit im Leben einer Frau sei. (Betty Patterson, Neun glückliche Monate, Friedrich Reinhard Verlag, Basel.) Ich halte das nur für bedingt wahr. Ich muß zugeben, daß diese Zeit mich immer wieder nicht nur äußerlich, sondern auch innerlich verändert, mich wachsen läßt und aus meiner Begrenztheit herausholt in ungeahnte Weiten. Aber jetzt in den letzten Wochen vor der Geburt spüre ich auch die Begrenztheit meiner Möglichkeiten: Ich finde kaum mehr eine bequeme Lage zum Schlafen. Beim Treppensteigen fühle ich mich eher wie eine Dampflokomotive, keineswegs wie ein Reitpferd, das unbeschwert die Hürden nimmt. Und der Einkaufskorb scheint Zentner zu wiegen. Aber es ist wohl so, daß alles, was unseren Lebensraum einengt und unsere Bewegungsfreiheit hindert – und sei es auch das Liebste – uns belastet.

18. November

In etwa drei Wochen ist der Geburtstermin. Ich freue mich so sehr auf dieses Kind! Doch auch immer wieder befällt mich Angst, daß das Baby mißgebildet sein, tot zur Welt kommen oder irgendeinen anderen Schaden haben könnte. Das belastet mich so, daß ich an manchen Tagen sehr bedrückt umhergehe. Sogar im Traum verfolgt mich dieser Gedanke. Ich versuche täglich, ihn loszuwerden, aber er bleibt mir auf den Fersen wie ein nicht abzuschüttelnder Feind.

Auch Ängste anderen Ursprungs belasten mich. Da ist die Frage in mir, ob Ha-Jo wieder heiraten würde, wenn ich sterben sollte. Ich habe Angst, daß eine zweite Mutter nicht gut zu unseren Kindern sein könnte. Ich habe mit Ha-Jo darüber gesprochen. Er hat mich ganz lieb in seine Arme genommen und getröstet. Es hat mir geholfen, doch insgeheim versuchte ich ihm den Vorwurf unterzuschieben, er habe mich nicht mehr so gern wie früher und freue sich auf eine weitere Ehe, obwohl ich weiß, daß es nicht so ist. Überhaupt kann ich mich mit meinem Bauch nicht mehr leiden. Ich habe ihn richtig satt. Er hindert mich in meiner Bewegung. In den weiten Kleidern finde ich mich plump und unförmig. Am liebsten würde ich alle Spiegel bei uns verhängen. Ich bin froh, daß es nur noch drei Wochen sind.

21. November

Ein erschütternder Brief erreichte mich. Monika, eine liebe Freundin, schreibt: »Die Schwangerschaft hat alle unsere Pläne über den Haufen geworfen. Ich hatte mich gefreut auf einige Reisen mit Bert. Dann, am selben Tag, als ich die Bestätigung über meine Zulassung zur Universität bekam, erfuhren wir das Ergebnis des Schwangerschaftstests. Mit der Schwangerschaft kam die Trennung vom Elternhaus. Dann das ständige Zunehmen. Ich bekam die ganze Unförmigkeit zurück, mit der ich mein Leben lang gekämpft hatte. Mit Schwangerschaftssymptomen wie z.B. Erbrechen hatte ich keine Schwierigkeiten. Auch sonst fühlte ich mich körperlich ziemlich gut. Nur in den letzten Nächten hatte ich schmerzende Arme und Beine. Ich wachte auf, und alles war wie abgestorben. – Die Geburt selbst aber war ein Alptraum. Ich bin heute teilweise noch nicht darüber hinweg. Ich glaube, ein entscheidender Punkt für diesen Verlauf der Geburt war, daß sie eingeleitet wurde. Der Anfang war zu ertragen. Entsetzlich wurden die Schmerzen, nachdem die Fruchtblase vom Arzt gesprengt worden war. Die Wehen kamen regelmäßig alle zwei bis drei Minuten und dauerten fast ebenso lang. So blieb es, bis Stefanie kam. Es war entsetzlich; schon allein deshalb, weil ich ganz andere Erwartungen hatte – durch Dich. Bitte fasse das nicht als Beschuldigung auf. Ich weiß, daß es für Dich so war, wie Du mir gesagt hast, und ich bin froh für Dich. – Bert verbrachte die ganze Zeit mit mir im Krankenhaus. Ab und zu be-

kam ich so etwas wie Haßgefühle. Ich empfand es als große Ungerechtigkeit, daß ich durch diese Schmerzen gehen mußte und er leer ausging. Diese Gefühle übertrugen sich später auf Stefanie, weil ich mich ans Haus gefesselt fühlte. Die richtige Freude am Muttersein entwickelte sich erst, als Stefanie so groß war, daß ich etwas wie Liebe von ihr erfuhr.
Heute spielt sich unser Leben ziemlich gleichmäßig ab, und ich kann sagen, daß die Kleine ein richtiger Sonnenschein für uns ist. Wenn ich aber damals gewußt hätte, was ich heute weiß, hätte ich mit allen Mitteln eine Schwangerschaft verhindert, bzw. bei einer Schwangerschaft wäre die Geburt anders verlaufen. Auf jeden Fall hätte ich mir die Geburt nicht einleiten lassen.«
– Ich bin überzeugt, daß die Geburt leichter verlaufen wäre, wenn Monika schon eher ein Ja zu diesem Kind gefunden hätte.
Trotzdem bin ich durch diesen Brief etwas unsicher geworden: Habe ich die Strapazen der ersten Geburt schon wieder vergessen? Ist die Erinnerung dadurch verfälscht, daß die Freude über das Kind so mächtig in mir war und ist? Habe ich mit zu großem Optimismus all das Gute geschildert und das Schlechte verschwiegen? Ich fühle mich elend. Steht auch mir dieser Alptraum bevor, den Monika erlebt hat? Ich schwanke zwischen Trostlosigkeit und Zuversicht.
In Gedanken versuche ich, mich an Einzelheiten zu erinnern.
Ich fühle mit Grauen noch einmal die Einsamkeit im Kreißsaal während der dunklen Nachtstunden. Da krochen die Minuten wie Stunden dahin. Drei Nächte lag ich dort. Jeden Abend schob man mich hinein, weil man die Geburt bereits erwartete. Wegen des vorzeitigen Blasensprungs durfte ich nicht aufstehen. Meinen Mann schickte man am Abend immer nach Hause, mit dem Versprechen, ihn anzurufen, falls die Wehen stärker würden. Ich wartete nach jeder Wehe schon auf die nächste – und fürchtete mich davor.
Um so wärmer denke ich an die Stunden, in denen Hans-Joachim an meinem Bett saß und mit mir plauderte. In der Freude dieser Momente ging das »Ziehen im Rücken« fast unter, und ich merkte es erst wieder – und dann fast unerträglich – wenn mein Mann sich verabschiedet hatte und ich wieder allein war.
So war mir auch während der stärksten Wehen seine Gegenwart ein großer Trost. Immer noch sehe ich sein liebendes, fürsorgliches Gesicht als unscharfen Hintergrund während der Geburt. Er war ja bei mir. – Je mehr ich darüber nachdenke, desto ruhiger werde ich.

Hans-Joachim wird bei mir sein. Wie tröstet mich das jetzt schon! Für den Arzt werde ich ein Patient sein, einer von vielen. Für meinen Mann aber bin ich die einzige Frau. Ich fühle mich getröstet und geborgen in seiner Nähe.

22. November

Gerade bin ich dabei, die Tagebucheinträge zu ordnen, da fällt mir ein Brief von meiner Freundin Cornelia in die Hand. Sie erwartet in wenigen Tagen ihr zweites Kind. »Wie kannst Du nur so froh von der Geburt sprechen?« schreibt sie vorwurfsvoll. »Ich habe Furchtbares mitgemacht und habe Angst vor dieser weiteren Geburt, auch wenn ich mich auf das Kind freue. Ob Du nicht ein wenig übertreibst? In mir hat diese Geburt nicht nur äußere Wunden gerissen, sie hat mich auch innerlich zermürbt und verunsichert.«

29. November

Ein Brief von Cornelia.

Mein Herz klopft spürbar. Ob sie inzwischen ihr zweites Kind zur Welt gebracht hat? Ich reiße den Umschlag auf:
»Oh, Ruth, habe ich Dir überhaupt noch gar nicht geschrieben, wie die Geburt war? Sie war wunderschön! Wir fuhren durch die tiefverschneite Winternacht zum Krankenhaus, und Veronika war schon eine Stunde später geboren. Sie kam zwar recht vehement, aber das ganze Erlebnis war wunderbar. Ich bin irgendwo tief in mir drinnen geheilt, und ich kann niemandem sagen, wieviel mir das bedeutet. Jedes Mal, wenn ich beim Diakonissenkrankenhaus vorbeifahre, überkommt mich ein Glücksschauer. Peter war natürlich dabei.
Mit dem Stillen war es am Anfgang schwieriger als beim ersten Mal, wo ich zu Hause entbinden konnte. Die Krankenhausroutine ist ja bekanntlich nicht der beste Start. Doch inzwischen sind wir ein erfahrenes Paar, meine kleine Veronika und ich. Ich bin ja so dankbar, daß ich voll stillen kann, denn zum Reisen ist es überhaupt das Allerbeste. Das ist natürlich nur ein Nebenglück. Das Hauptglück ist das Stillen überhaupt.«
Erleichtert atme ich auf. Wie froh bin ich, daß sie mit dieser Freude

an die Geburt zurückdenkt. Offensichtlich verläuft jede Geburt anders. Und jede Geburt läßt uns auch mehr eindringen in das Geheimnis, wie wir mit unserem Körper umzugehen haben.

30. November

Ich freue mich auf unser Kind. Der Stubenwagen hat ein rot-weiß kariertes, freundliches »Kleid« anbekommen. Durch die ganze Wohnung habe ich ihn geschoben und mir immer wieder vorgestellt, ein kleines Mädchen würde darin liegen. Das ist mein heimlicher Wunsch. Aber über einen Buben werde ich genauso glücklich sein. Hans-Joachim kam dazu und sagte lachend: »Du schiebst den Wagen, als würde schon etwas darin liegen.« Und es ist auch so: Mein Kind, unser Kind ist da, auch wenn ich es noch nicht im Arm halte. Ich könnte es nicht mehr lieben, als ich es jetzt schon liebe. Es gehört zu uns.
Markus läuft seine ersten unsicheren Schritte. Immer wieder erzähle ich ihm von seinem Bruder oder seiner Schwester. Er kann noch nicht begreifen, was das ist. Aber irgendwie hat er verstanden, daß mit dem allem etwas sehr Schönes gemeint ist, denn er fängt an, ganz froh zu lachen, wenn ich etwas vom Baby sage. Ob er spürt, daß ich mich freue?

7. Dezember

Unsere Esther ist geboren. Es ging alles so schnell und gut, daß ich kaum begreifen kann, was für eine große Familie wir jetzt schon sind.
Hans-Joachim hat mich heute morgen um fünf Uhr in die Klinik gebracht, da ich eine leichte Blutung hatte. Gegen 8 Uhr setzten Wehen ein, die sehr schnell stärker wurden und in immer kürzeren Zeitabständen kamen. Ich versuchte, Ha-Jo telefonisch zu erreichen, aber ich muß mich wohl immer wieder verwählt haben, denn ich war dauernd falsch verbunden. Endlich klappte es. Er kam gerade noch rechtzeitig zur Geburt unserer Esther. Durch den kurzen Abstand zur vorausgegangenen Entbindung waren die Geburtswege noch geweitet und deshalb muß es wohl so schnell gegangen sein.
Es ist wunderbar, daß ich auch diese Geburt im Beisein meines

Mannes erleben durfte. Wen hätte ich sonst in meiner unbändigen Freude küssen sollen, als unser kleines Mädchen da war? Wen hätte ich sonst umarmen sollen, um mein tiefes Glück mit ihm zu teilen? Er war da, genau im richtigen Moment, als die kleine Neuschöpfung aus ihm und mir ihre erste Lebensäußerung von sich gab. War es damals schon unbeschreiblich schön gewesen, als sie ins Leben gerufen wurde, so war es jetzt noch tausendmal schöner, als sie Gestalt gewonnen hatte, ein neues Du, ein neues Ich, ein neues Wir. – Ich liege im Bett, um zu schlafen. Meinen Ha-Jo haben die Schwestern nach Hause geschickt. Ich müsse jetzt ruhen, meinten sie. Sie haben ja wirklich keine Ahnung! Es ist Sonntagmorgen, und überall läuten Glocken. Mir ist es, als erlebte ich ein Stück Ewigkeit. Ich fühle mich in der Hoch-Zeit meines Lebens. Schlafen? Ich denke nicht daran! Ich will diese Augenblicke des Höhenflugs meiner Seele genießen und auf mich wirken lassen. Ich will mich satt daran trinken, sie mir ganz tief im Inneren bewußt machen. – Warum nur haben sie mir mein Kind genommen? Wie gerne hätte ich es jetzt im Arm, um etwas von der Freude, die mich überflutet, auf mein Kind übergehen lassen!
Ich habe mit offenen Augen weitergeträumt. Und dann muß ich doch eingeschlafen sein, denn gerade eben bin ich aufgewacht. Das Tagebuch liegt noch auf dem Bett. War es ein Traum? Es war ein märchenhafter Traum! Traum? Nein, Wirklichkeit! Mein Kind ist geboren! Ich kann es kaum erwarten, bis ich es wiedersehen darf!

4 *Mein geliebtes Kind*

8. Dezember

Mein geliebtes Kind,
in welch vielfältiger und wunderbarer Weise beglückst du mich! Du bist Wirklichkeit. Du! Mir erschließt sich der Himmel, wenn ich in deine lieben Augen schaue. Daß du nicht Traum bist, sondern ein echtes lebendiges Menschenkind, daß die kleinen Hände sich bewegen, daß die zarte Samthaut zu streicheln und zu fühlen ist, daß da zwei Augen aus den Lidern schauen, die höchst lebendig sind, ein Mund, der sucht und nach Nahrung schreit, daß alles an dir gesund ist – das alles macht mich unendlich dankbar.

9. Dezember

Im Krankenhaus

Heute darf unser Kleines das erste Mal an meiner Brust trinken. Bei Markus konnte ich es kaum erwarten, bis ich ihn endlich anlegen durfte. Auch jetzt habe ich Sehnsucht, mein Kind wieder so nah, so ganz bei mir zu haben. Doch ich warte mit geteilter Freude. Ich denke an alles Versagen vor einem Jahr, an alle Unbequemlichkeit, an die Schwäche und die Unzufriedenheit mit mir selbst.

20. Dezember

Staunend hat Markus das kleine Bündel betrachtet, das ich nach Haus mitgebracht habe. Mit großen Augen schaut er zu, wenn ich das Baby anlege zum Trinken. Er legt seinen Kopf auf meine Knie und ist ganz still. Esther trinkt gut. Langsam löst sich meine Verkrampfung. Irgendwie bin ich sicherer, und mein Kind fühlt das wohl auch. Seit wir zu Hause sind, meine ich aber oft, daß sie nicht mehr ganz satt wird. Mehr als sechsmal soll ich das Kind auf keinen

Fall stillen, hat mir die Schwester dringend geraten. Die gestörte Nachtruhe macht mir sehr zu schaffen, zumal mich Markus am Tag ganz fordert. – Heute hat er in einem unbeobachteten Moment Waschpulver gegessen. Ich bin immer noch ganz aufgeregt. Als ich dann Esther füttern wollte, war kaum Milch da, und sie schrie jämmerlich. Soll ich anfangen, die Flasche zuzugeben?

10. März

Esther ist zwölf Wochen alt. Vor einer Woche habe ich sie das letzte Mal gestillt. Seitdem füttere ich sie nur noch mit der Flasche. Wenn ich sie dabei im Arm halte, schmiegt sie sich ganz eng an mich. Wie gerne hätte ich sie wieder so nah bei mir wie in den vergangenen Wochen! Ob sie das ebenso vermißt, auch wenn sie es nicht ausdrücken kann? Neun Monate ist in der Umschlossenheit meines Uterus ihr kleines Herz gewachsen, haben sich die Glieder gebildet – und nun, nur wenige Wochen danach, könnte dieses Menschlein auch ohne mich leben, wenn es von jemand anderem versorgt würde. Es ist mir, als habe sich hinter mir eine Tür geschlossen, durch deren Eingang mir zuvor Erkenntnisse vermittelt wurden. Ich bin nicht imstande, es mir so weit bewußt zu machen, daß ich es in Worte kleiden könnte. Ich habe etwas wie eine Sehnsucht nach einem verlorenen Paradies. Allerdings habe ich auch dieses Mal nicht mit Begeisterung gestillt, wenngleich es lange nicht den Strapazen gleichkam, die mir das Stillen bei Markus bereitete. Oft habe ich mein Kleines im Arm und spreche mit ihm. Manchmal schaut es mich so an, als verstehe es mich, und auch mir ist, als könne ich verstehen, was es sagt.

17. März

Wenn es mir nur intensiver und öfter bewußt würde, was ich heute in Psalm 127 las: »Kinder sind eine Gabe des Herrn, und Leibesfrucht ist ein Geschenk.« Keine Forderung, kein Anspruch – dieser Vers in der Bibel ist einfach eine Feststellung. Er trifft mich. Wie oft empfinde ich Last und nicht Freude an diesem Geschenk! Ich bin körperlich ziemlich matt. Genau fünfmal habe ich heute schmutzige, braune Windeln ausgepackt und dabei zwei Kinderpopos gesäubert. Eine Arbeit ohne Erfolg, da sie unaufhörlich wiederkehrt.

Geschenk? Manchmal bekomme ich den Geruch an den Händen den ganzen Tag nicht los. Und ausgerechnet heute bittet mich eine Bekannte, ihr eine Geburtsanzeige zu entwerfen! Ich denke an ihre Situation. Sie hat dieses Kind eigentlich nicht gewollt... Spontan schreibe ich: »Kinder sind eine Plage des Herrn, und Leibesfrucht ist eine besondere Strafe.

Wir geben die Geburt unseres ersten, ungewollten Kindes bekannt.
Wir sind uns bewußt, welche Strapazen auf uns zukommen.
Die Eltern
In Mitbetroffenheit
die Großeltern
Wir werden uns bemühen, weiterem Kindersegen vorzubeugen.«

Ich muß lachen, und doch schäme ich mich auch. Ich will das Geschenk Kind, das mir Freude bereitet – ohne die Aufgabe Kind, die mir Arbeit macht. Jedes Geschenk wird doch eigentlich erst dadurch wertvoll, daß wir damit umgehen!

21. März

Als ich heute ins Kinderzimmer kam, fand ich Markus am Bettchen von Esther stehen. Mit seinen kleinen Händen griff er durch das Gitter, streichelte den Kopf seiner kleinen Schwester und sagte ganz liebevoll »Aah...« – in allen Tonlagen. Wie sehr hat mich das bewegt. Und wie glücklich sind wir mit unseren beiden Kindern! Allmählich finde ich mich im Vielerlei der neuen Aufgaben zurecht. Ich stehe wieder etwas über der Arbeit und kann mich so recht freuen an all dem Schönen draußen in der Natur und hier drinnen in unserem Heim.

5. April

Wieder ist es Frühling geworden. An den Bächen blühen gelbe Schlüsselblumen. Die Natur zieht ihr Brautkleid an nach den Tagen der Kälte und Dunkelheit. Ich möchte mitjubeln und mich an dieser Hochzeit freuen. Der Frühling ist mit einer Geburt zu vergleichen. Nur noch wenige Wehen, und dann – neues Leben, neue Schöpfung wird sichtbar, neues Werden. Die Bäume sind noch kahl, doch die

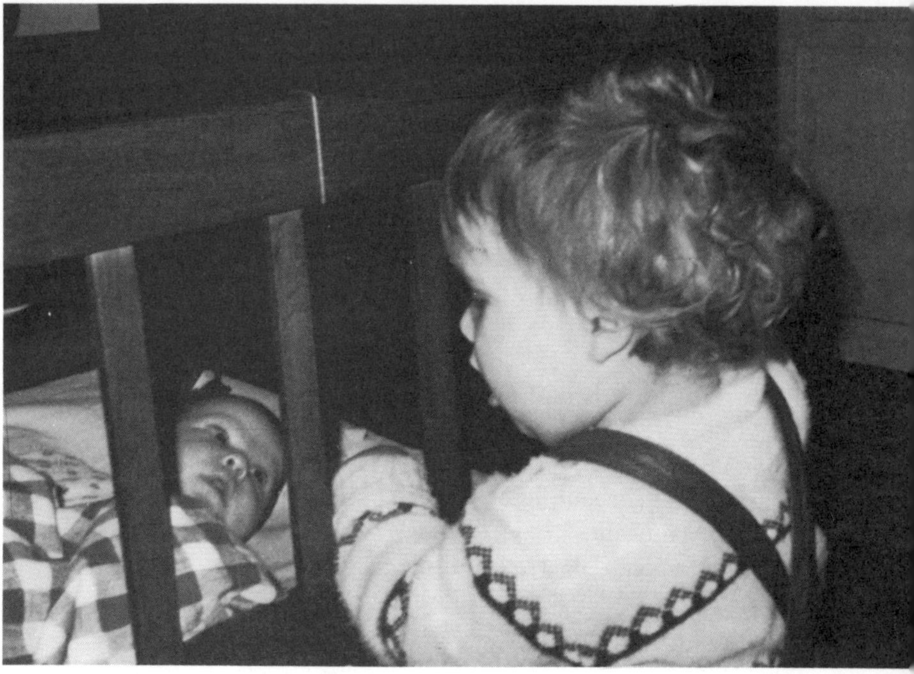

Wiesen sind mit einem zarten Flaum bedeckt wie der kleine behaarte Kopf des Neugeborenen.
Kein Baum, keine Blume wird dadurch häßlicher, daß sie im Herbst ins Sterben geht und im Frühling neu erwacht. So gehe ich auch in jede Schwangerschaft wie in ein dunkles Tal, aus dem ich mit dem Kinde, wie neu zum Leben erwacht, hervorgehe – fühle mich selbst neu geworden, neu geboren.
Jedes Kind bringt auch einen neuen Frühling in mein Leben.
Wir freuen uns am Erwachen der Natur. Doch wie viele schließen sich davon immer wieder aus. Die Erlebnisfähigkeit ist auf ein Minimum abgesunken, Tausende sind unfähig, das Gesehene in das eigene Leben hineinzunehmen. Die Gleichgültigkeit hindert uns, zu begreifen, daß alles Werden ein Ausdruck des Schöpfers ist, der uns persönlich meint. Überall aber, wo wir an seinem Werk teilnehmen, wird uns ein Stück seiner Größe bewußt. Die Maßlosigkeit stellt sich über den Schöpfer. Und mit ihr sinkt das Ja zum Menschen ins Nichts. Bequemlichkeit legt sich einschläfernd über das Gewissen, und das Leben scheint mehr Last als Freude zu sein.

Mein Kind weist mir den Weg aus meiner Gefangenschaft im Kreisen um mich selbst. Im Kind begegnet mir Gott selbst. Durch das Kind erahne ich etwas davon, was Wunder sind. Ich sehe jede Geburt als Gottesbegegnung, bei der ich Gottes Lebensatem verspüre, bei der ich meine, ihn berühren zu können, so nah ist er. Er gab mir Leben, und nun darf ich Leben weitergeben. Gott hat Gemeinschaft mit mir. Unbegreiflich. Jedes Kind vertieft dieses Erlebnis. Und gerade dieses Erlebnis erweckt eine immer neue Sehnsucht in mir, Kinder zu haben.

Diese Sehnsucht ist da. Doch ich weiß auch um meine begrenzte Kraft. Ich merke, daß die Geburtenfolge unserer zwei ersten Kinder – innerhalb eines Jahres – zu schnell war. Mein Körper braucht eine längere Ruhepause nach einer Schwangerschaft. Ingrid Trobischs Buch »Mit Freuden Frau sein« (Brockhaus-Verlag, Wuppertal) und das Buch von Dr. Rötzer, »Kinderzahl und Liebesehe, ein Leitfaden zur Regelung der Empfängnis« (Herder-Verlag, Freiburg-Wien-Basel), haben uns hilfreiche Ratschläge gegeben, um einen Zwischenraum in der Reihe der Geburten zu planen. Ich finde es wichtig, daß Esther schon gehen gelernt hat, bevor wir ein weiteres Kind haben. Die Belastung, zwei Kleinkinder zu versorgen, war doch recht hart, solange beide nicht laufen konnten. Ich freue mich darüber, mit welcher Selbstverständlichkeit Markus sein Schwesterchen angenommen hat. Er liebte es auf diese Weise schon, bevor er wußte, was Eifersucht ist.

24. Juni

Es ist Morgen. Ein Morgen wie jeder andere. Mit dem Zusammennehmen aller Kraft bin ich aufgestanden. Ich bin noch so müde, daß ich meine, die Nacht habe eben erst begonnen. Aber warm und freundlich scheinen die Sonnenstrahlen schon durchs Fenster. Das tröstet mich ein wenig. Aber meinen fehlenden Schlaf können sie mir doch nicht ersetzen! Ich fühle mich überfordert. Zu jedem, der mir begegnet, bin ich unfreundlich und gereizt, obwohl ich wirklich nicht so sein will. Nun ist es schon 10 Uhr, und ich laufe immer noch im Morgenmantel herum. Sogar das Waschen und Anziehen scheint eine Hürde zu sein.

Wie vieles habe ich doch früher unternommen! Und nun, da ich nicht einmal mehr meinen Beruf ausübe, komme ich zu nichts. Groll

steigt in mir auf. Muß ich denn alles um der Kinder willen aufgeben? Ist es nicht genug, daß sie mich kaum eine Nacht schlafen lassen? Wie sehr hatte ich mir die zwei Kleinen gewünscht. – Ob ich es jetzt tatsächlich bereue? Hatten die anderen doch recht, die sich keine Kinder wünschten, weil sie die Bequemlichkeit nicht aufgeben wollten? War es vielleicht doch verrückt von mir gewesen, Kinder als Freude zu empfinden? Steckte etwa nur eine alte Sehnsucht aus der Kindheit dahinter, deren Tragweite mir nie bewußt war?
Wo ist der Weg aus diesem Labyrinth der Arbeit? Ich weiß, daß sich etwas ändern muß. Bald. Denn so ertrage ich das Leben nicht mehr lange.

5. Juli

Eine gute Erfahrung liegt hinter mir. Gestern bin ich zu Bett gegangen, obwohl noch vieles unerledigt war. Und nun, heute morgen, ist mir alles viel leichter von der Hand gegangen. Ich muß meinem Körper offensichtlich mehr Ruhe gönnen. Ich muß den Mut haben, auch wichtige Dinge liegen zu lassen. Das Gefühl, nie fertig zu werden, entspringt ja größtenteils einem Hang zum Perfektionismus. Offenbar wird vieles leichter, wenn ich mehr Geduld mit mir selbst habe. Meine Grenzen müssen mir klar werden, und ich möchte lernen, mit ihnen zu leben.
Nun sind die Fenster schon seit 14 Tagen nicht geputzt. Das ist früher nie vorgekommen. Aber sie sehen gar nicht so schlimm aus. An meinem letzten »Fensterputznachmittag« habe ich anstelle der Arbeit einen ausgiebigen Spaziergang mit den Kindern gemacht. Es war so schönes Wetter. Ich habe mit den Kleinen Blumen gepflückt, einen großen Feldblumenstrauß in leuchtenden Farben. Zwischendurch stellte ich staunend fest, daß ich ein Lied vor mich hinsummte. Es war mir, als löse sich eine Umklammerung, als fiele eine Kette von mir ab, die mich gefesselt hatte. So leicht, so frei war mir zumute! Das Lachen der Kleinen hörte sich für mich an wie Musik. Dieser Spaziergang stand nicht unter Zeitdruck und auch nicht unter dem Muß der Verpflichtung, die Kinder an die frische Luft zu bringen, weil das so üblich und nützlich ist. Es war ein Ausbrechen aus dem Ghetto meiner Pflichten, die ich mir selbst auferlegt hatte, – und das befreite mich. Während wir draußen waren, verschwendete ich keinen Gedanken an die Arbeit, die zu Hause wartete. Auch an mei-

nem Mann ging diese Veränderung nicht spurlos vorüber. Als wir beim Abendessen saßen, sagte er zu mir: »Du siehst so nett in diesem Kleid aus,–ist es neu?« Wie froh machte mich das! Es war kein neues Kleid, aber es war eine neue Erfahrung. Vielleicht hatte mein Gesicht eine frischere Farbe. Aber was sich wirklich in Veränderung befand, war meine Einstellung zur Arbeit.

11. September

Eine liebe Bekannte hat mir Geld geschenkt. Es bestand überhaupt kein besonderer Anlaß dafür, denn ich habe weder Geburtstag, noch steht Weihnachten vor der Tür, noch sind wir in einer Notlage. Ihr Kommentar dazu war: »Mach dir eine Freude damit. Es ist ganz persönlich für dich, für niemanden sonst. Auch nicht für deine Kinder. Wenn du Lust hast, kaufe etwas ganz Verrücktes. Es soll dir nur Spaß machen. Du brauchst niemandem Rechenschaft darüber zu geben, auch mir nicht. Kaufe es und freue dich daran.«
Dieses kleine Erlebnis hat wiederum etwas in meinem Leben verändert. Bisher hatte ich immer Hemmungen, mir etwas zu gönnen, und nun löst sich diese Verkrampfung in mir. Ja, ich habe begonnen, mir Schaufenster anzusehen, und ich freute mich oft an dem Gedanken, mir dies oder jenes mit »meinem« Geld kaufen zu können. Nicht, daß ich vorher nichts hätte kaufen dürfen. Aber ich schob dergleichen Gedanken einfach beiseite in dem Bewußtsein, daß anderes wichtiger ist. Meinen Wünschen gab ich dabei nicht den geringsten Raum. Aber nun entdeckte ich, daß ich durchaus Wünsche hatte. Nicht solche Wünsche, die unbedingt alle erfüllt werden mußten, aber die wahrgenommen werden sollten, an denen ich mich freuen konnte, die zu mir gehörten, weil ich Mensch bin. – Schon lange lag dieses Geld bereit, ohne daß ich es ausgab. Und die Vorfreude allein wurde mir viel kostbarer als das Nachthemd, das ich mir schließlich kaufte. Von diesem Zeitpunkt an beschlossen mein Mann und ich, daß jeder von uns ein Taschengeld im Monat haben soll, das er nach Belieben verwenden kann – auch für Unwichtiges. Diese Begebenheit wandelte meine Einstellung zum Geld. Jetzt ist das Geld nicht mehr ein Feind und eine Aufgabe, die es jeden Monat zu bewältigen gibt, sondern es ist ein willkommener Gast, den ich fröhlich erwarte.

Inzwischen lege ich »mein Geld« auf ein Sparbuch. Der langgehegte Wunsch aus meiner Jugend, Querflöte zu spielen, ist plötzlich nähergerückt. Es macht solchen Spaß, sich auf etwas zu freuen, auch wenn es noch nicht da ist. Es nimmt Gestalt an, und ein Ziel ist sichtbar. Wie wertvoll ist mir diese neue Perspektive in meinem Dasein!

Seit ich in dieser Weise Freiheit erfahren habe, ist auch meine Beziehung zu den Kindern verändert. Wenn ich für sie einkaufe, geschieht es mit Freude und ohne Verkrampfung.

5 *Vater sein ist nicht schwer*

5. Januar

Ein neues Jahr hat angefangen. Lange habe ich nichts mehr ins Tagebuch geschrieben. Die Zeit ist durch unsere Kinder ganz ausgefüllt. Ich merke, wie Hans-Joachim mehr und mehr in seine Vaterrolle hineinwächst. Es ist ein frohes Miteinander, das wir täglich erleben. Fast jeder Tag bringt einen kleinen Fortschritt bei den Kindern. Markus spricht seine ersten kleinen Sätze. Esther läuft, fällt hin, steht wieder auf und läuft weiter. Dieses Erlebnis nimmt sie so gefangen, daß sie sogar das Weinen dabei vergißt.
Und ich besitze eine Flöte! Zwar ist es nun keine Querflöte, sondern nur eine sehr schöne Altflöte geworden, doch die Freude darüber ist groß. Ich habe einen Musiklehrer gefunden, der mir am Abend Unterricht gibt, wenn die Kleinen im Bett liegen.
Über Arbeitsmangel kann ich nicht klagen. Markus will alles »leine« (alleine) machen. Entsprechend sieht es am Tisch aus, wenn er gegessen hat. – Mit dem »Töpfchengehen« will es allerdings noch nicht klappen. – Ich habe aufgehört, jede Hose zu bügeln, und kaufe möglichst unempfindliche Sachen, die nicht gebügelt werden müssen.
All dieses schöne Erleben läßt meinen alten Wunsch wieder aufwachen, noch mehr Kinder zu haben. Immer wieder meldet sich dieser Gedanke jetzt in mir. Die alten Strapazen scheinen so weit weg. Ich möchte mit Hans-Joachim darüber sprechen.

26. Februar

Nun ist er Wirklichkeit geworden, mein stiller Wunsch! – Niemand weiß bis jetzt von meinem lieben Geheimnis. Als winziger Embryo existierst du schon, mein drittes Kind. Dein Leben hat schon begonnen. Ich habe das Ergebnis des Schwangerschaftstests erfahren und bin ganz versunken nach Hause gegangen. Es ist schön, etwas

zu wissen, wovon andere nichts ahnen. – Noch gehörst du nur mir, mir ganz allein. Nur du und ich wissen, daß es dich gibt. Ich genieße diese Minuten und denke über dich nach. Wenn ich nach Hause komme, werde ich es deinem Vater sagen – und erst später werden es die Nachbarn erfahren, wenn du so groß geworden bist, daß ich dich nicht mehr verbergen kann. – Und eines Tages sollen es alle wissen – wenn wir deine Geburtsanzeige fortschicken werden: Du bist da. Du bist geboren. Die Familie Heil hat ihr drittes Kind bekommen. – Aber noch ist es nicht soweit. Noch bist du ein kleines Wesen, das ich viele Monate ganz nah bei mir haben und herumtragen darf. Du bist ein Du, aber du bist doch noch ein Teil von mir. Ich freue mich auf diese Monate, in denen du in mir wohnst, in denen ich dein Haus sein darf, deine Nahrung sein darf und deine Luft, die du atmest. Ganz abhängig bist du von mir. Ich freue mich so darüber. Aber wird es vielleicht auch einmal, viel später, eine Zeit geben, in der ich von dir abhängig sein werde? Es erscheint mir seltsam, wenn ich daran denke, daß ich einmal alt sein werde, und daß auch du kleiner, ungeborener Mensch einmal alt sein wirst.
Aber noch darf ich dich in mir bergen. Ich freue mich auf diese Monate deines Wachsens!

24. April

Unser liebes kleines Menschlein, schon lange weiß ich, daß du in mir lebst. Doch heute habe ich dich auch gespürt – und bin so froh dabei geworden! Wie haben wir dich jetzt schon so lieb! Unsere Verwandtschaft ist entsetzt, daß du so bald nach deinen Geschwistern kommst. Wir aber freuen uns sehr auf dich. Du bist herzlich willkommen, liebes kleines Menschenkind.

5. Juli

Erst jetzt lerne ich, Dinge auszusprechen, die ich bisher immer in mir vergraben habe. Mit Hans-Joachim habe ich über meine unbestimmte Angst gesprochen, deren Ursprung ich selbst nicht weiß. Es mag sein, daß sie völlig unbegründet ist. Als ich aber begann, sie in Worte zu fassen, wurde sie entmachtet. Ich fühle mich befreit von einer Last, die ich eigentlich nicht preisgeben wollte, weil ich mich ihrer schämte. Und gerade diese Aussprache gab Ha-Jo den Mut, sich auch mir gegenüber zu öffnen. Jedes unserer Kinder hat das Band der Liebe zwischen uns verstärkt und gefestigt, durch jedes kommen wir einander näher, wachsen wir im Verständnis füreinander. Welch ein Geschenk, Kinder zu haben! Es ist wie eine Quelle, an der alle trinken können, die bereit sind, sich daran niederzuknien und daraus zu schöpfen.

30. Juli

Markus ist schon zweieinhalb Jahre alt. Mit Esther zusammen ist er auf immer neuen Entdeckungsreisen durch die Wohnung. Die zwei haben die Fähigkeit, innerhalb kurzer Zeit ein totales Chaos zu schaffen. Und sie sind Frühaufsteher! Heute morgen um fünf Uhr kletterten sie aus ihren Gitterbettchen und spielten in der Küche. Es war eigenartig ruhig, und ich schlief erschöpft wieder ein. Nach dem Aufstehen sah ich dann den Grund der Ruhe: Auf kleinen Lastwagen transportierte Markus Haferflocken. Esther saß zwischen den aufgerissenen Tüten am Boden, verteilte den Inhalt gleichmäßig um sich und steckte sich hin und wieder auch eine Handvoll in den Mund. Die beiden sind wirklich unbeschreiblich strapaziös und süß.
Immer wieder dürfen sie mit ihren Händen meinen Bauch betasten, wenn das Ungeborene sich besonders stark bemerkbar macht. Ich erzähle ihnen von ihrem neuen Geschwisterchen. Markus gibt dann seinen Kommentar dazu: »Baby, Lasser, Biii« – was bedeuten soll: Da drin ist unser Baby, es ist ganz von Wasser umgeben. Wenn es auf die Welt kommt, kann es schon Biii schreien.
Gestern abend rannte er erwartungsvoll zu meinem Mann, nachdem er sein neues Geschwisterchen gefühlt hatte. Mit seiner ganzen Kraft zog er das Hemd aus Papas Hose, um seinen Bauch zu sehen, und gab ihm dann einen Kuß auf den Nabel – in der Erwartung, daß auch darin ein Baby versteckt sei. Wenn das keine Gleichberechtigung ist!

8. August

Immer glaubte ich, daß die Schwangerschaft in erster Linie eine Sache der Frau sei. Aber nun merke ich, wie stark sie auch meinen Mann fordert. Das Ja zu meinem veränderten Aussehen muß auch bei ihm wachsen. Auch muß er ein Ja finden für meine veränderte Psyche. Bei jeder weiteren Schwangerschaft nimmt aber mein Zustand der Isoliertheit und Hilflosigkeit ab. Die Geborgenheit, die ich in dieser Zeit besonders suche und brauche, finde ich mehr denn je in dem, der mich zur Mutter machte, der durch mich Vater wurde. Es scheint mir, als wachse unsere Ehe in organischer Weise durch jedes weitere Kind; als fänden unsere Kinder deshalb Geborgenheit, Verständnis, ein Ja zu sich, weil wir als Eltern ein Ja zueinander gefunden haben und immer neu finden. Ich darf von meinem Mann keine »Akrobatik« erwarten, wenn ich selbst erst lernen muß, mit all den so neuen Gefühlen umzugehen. – Ich denke an das, was Ingrid Trobisch kürzlich zu ihm sagte: »Du kannst deinem Kind nichts Besseres tun, als seine Mutter zu lieben.« Das half ihm – und uns.

Auf diese Weise erfährt auch unser ungeborenes Kind seine Liebe, nämlich durch die Geborgenheit, die er mir schenkt.

6 *Lachgas und von den Freuden des Stillens*

4. Oktober

Ich habe Wehen. Und ich bin richtig glücklich darüber. Eine Woche ist der Geburtstermin schon überschritten. Gestern habe ich den ganzen Rasen gemäht in der Hoffnung, daß das die Wehen auslösen könnte. Ich gehe schon nicht mehr einkaufen, weil ich die erstaunten Bemerkungen der Leute nicht mehr hören kann: »Ist Ihr Kind immer noch nicht da?« oder, »Ich dachte, Sie wären schon vor einem Monat so weit gewesen?« oder, »Ob Sie wohl Zwillinge bekommen?« – Endlich ist es soweit.
Isolde, eine liebe Bekannte, hat mir angeboten, die ersten Monate nach der Entbindung zu helfen. Das macht mich unendlich dankbar. Schon seit einigen Tagen ist Isolde da, und die Kinder haben sich an sie gewöhnt.
So kann ich beruhigt mit Hans-Joachim ins Krankenhaus fahren. Wir plaudern im Auto und lassen uns Zeit. Es ist dasselbe Krankenhaus, in dem Esther auf die Welt kam. Mit unserer Bitte, daß mein Mann wieder bei der Geburt dabei sein wolle, war der Arzt ganz einverstanden. Er erinnerte sich noch sehr gut an unsere letzte »gemeinsame Geburt«. Und dann sind wir da. Hans-Joachim weicht nicht von meiner Seite. Er ist bei allen Vorbereitungen dabei und geht mit mir in den Kreißsaal. Alles ist mir noch vom letzten Mal vertraut. Ich kann gut durchatmen und mich entspannen. Dieses Mal helfen mir die Vorbereitungen aus dem Buch von Dick-Read, »Der Weg zur natürlichen Geburt« (Verlag Hoffmann und Campe, Hamburg). Hans-Joachim sitzt an meiner Seite. Er kommt mir vor wie ein Soldat der Leibgarde. Ich fühle mich in seiner Nähe sicher. – Die Hebamme füllt den üblichen Fragebogen aus. Dann untersucht sie mich wieder – und stürzt zum Telefon. Ich höre sie aufgeregt sprechen, verstehe aber nichts. Sehr schnell ist der Arzt da. Die Wehen kommen jetzt mit großer Heftigkeit. Die Hebamme hat mir Lachgas angeboten. »Nehmen Sie«, sagte sie, »es kommt noch hart.

Ihr Kind wird in Steißlage zur Welt kommen.« Irgendwie fühle ich mich verunsichert. Ich presse die Maske vors Gesicht und möchte alle Narkose auf einmal herausholen. Die Folge ist, daß ich total benommen bin. Ich möchte etwas sagen, aber meine Gedanken sind zusammenhangslos und wirr. Es ist, als hätte man mir die Besinnung genommen anstelle der Schmerzen. Jede Wehe kommt mir wie eine Folter vor. Ich kann mich kaum mehr beherrschen und fange an zu schreien. Die gelernte Entspannung erscheint mir wie ein Traum, an den ich mich vergeblich zurückzuerinnern versuche. Ich strenge mich an, die Erinnerung wachzurufen, aber es gelingt nicht. Ich habe keine Gewalt mehr über mich. Als ich dem Höhepunkt der Angst zutreibe, kommt die letzte Preßwehe. Ich presse mit dem Mut der Verzweiflung.
Wir haben ein Mädchen! »Das ging aber sehr schnell für eine Steißlage«, äußert sich der Arzt. Nur 10 Minuten sind seit der ersten Preßwehe vergangen. Sie kamen mir wie eine Ewigkeit vor. Wie durch einen Schleier hindurch sehe ich das Kind, das man mir in die Arme legt. Es schreit jämmerlich. Langsam begreife ich, daß es mein Kind ist. Sein Kopf liegt an meinem Herzen. Es beruhigt sich. Große Liebe erwacht in mir. Mein Mann küßt mich liebevoll. »Wir haben eine Damaris«, sagt er. »Freust du dich?« Ja, ich freue mich. Aber ich habe ein großes Bedürfnis: schlafen, schlafen.

5. Oktober

Nun bist du ein großes Kind geworden, liebe kleine Damaris. 4200 Gramm hast du gewogen – und dabei hast du uns noch sieben lange, bange Tage warten lassen. Wie konnte ich es in den letzten Tagen kaum erwarten, dich zu sehen!
Wie gerne würde ich dich vor allem Schweren bewahren, das auf dich zukommt. Und doch kann ich es nicht, werde es niemals können. Aber eines wollen und werden wir täglich tun: dafür beten, daß Jesus dein Leben in seine Hand nimmt.

10. Dezember

Ich schelte mich eine dumme Mutter, weil ich die ganze Freude des Stillens erst beim dritten Kind voll begreife. Eine große Hilfe ist mir, daß Isolde noch bei mir ist. Dadurch kann ich mich ungestört ins

Schlafzimmer zurückziehen. Beim ersten Kind war ich ungeübt, so daß mir das Stillen mehr Strapaze als Glück bedeutete. Die Quelle versiegte nach wenigen Wochen. Beim zweiten Kind lebte ich ständig in der Angst, das Baby könne von dem »wäßrigen Zeug« nicht satt werden, obwohl ich es als Krankenschwester doch besser wissen mußte. Die Milch nahm natürlich beständig ab – eine Folge meiner Angst. Und nun, beim dritten Mal, nehme ich es nicht so tragisch, wenn das Kind auch einmal wenig trinkt oder nach zwei Stunden schon wieder etwas verlangt – und ich lebe auf. Ich wollte, es würde nie aufhören, und versuche zu stillen, solange es irgend geht. Auch der Wunsch nach weiteren Kindern ist dadurch ungleich größer geworden.

Möchten vielleicht deshalb so viele Mütter keine Kinder oder nur eines oder zwei, weil sie die Freude und Befriedigung des Stillens nicht kennen? Ich bin ziemlich sicher.

8. Januar

Stillen! Ich freue mich auf diese Tagesunterbrechungen, bei denen ich ausschließlich für unser Jüngstes da sein kann. Wir haben wieder unsere glücklichen 10 Minuten gemeinsam, Minuten, in denen ich völlig frei und völlig gelöst und völlig gebraucht und völlig glücklich bin. – Herr, wie wunderbar ist es, Mutter zu sein.

17. Februar

Damaris, unsere Jüngste, ist vier Monate alt. Bis jetzt ist sie ein kleines Dickerchen und verbringt ihre Tage ausgesprochen fröhlich. Sie ist ein sehr ausgeglichenes Kind, schreit selten, schläft jede Nacht durch und bereitet uns in keiner Weise Probleme. Ich schreibe dies der Tatsache zu, daß ich sie stillen kann.

Ein Kind an der Brust zu haben, dieses Gefühl des Glücks und des inneren Friedens kann nur ein Mensch nachempfinden, der es erlebt hat. Da ich oft unter Stimmungsschwankungen zu leiden hatte, empfinde ich nun das Ausgeglichensein in mir ganz besonders. Bei diesem unbedingten Gebrauchtwerden weicht jeder Gedanke an Selbstmord, Wertlosigkeit oder Unfähigkeit. Ich lebe auf. Dieses Kind in seiner Kleinheit und Hilflosigkeit ist so völlig von mir abhängig! Ich gebe ihm ständig, was es braucht, und es wächst und gedeiht.

Das völlige Einssein mit meinem Kind wird mir in neuer Weise wiedergeschenkt. Da liegt es – so ganz vertrauend, hilflos und zufrieden mit sich und der Welt – saugt und saugt. Ich darf in diesem kleinen Wesen einen Frieden sehen, den ich als Erwachsener – mit all meinen Erlebnissen, Erwartungen und den Anforderungen meiner Mitmenschen – in dem Maße nicht mehr erfahren kann. Dieses Mutterglück vereint mich noch tiefer mit dem Mann, dem ich das verdanke.

Ich fange an, diese Wochen zu genießen. Ohne den Ballast der Besorgnis und Angst, ob ich alles richtig mache, erfahre ich die ganze Freude am Kind. Ich habe mehr körperliche Kraft und gehe nicht mehr so kleinlich mit ungebügelter Wäsche um. Markus und Esther sitzen oft, wenn ich mit dem Baby beschäftigt bin, zu meinen Füßen am Boden und spielen. Es ist schön, alle so nah bei mir zu haben.

8. März

Die Zeit des Stillens ist jedesmal eine Oase der Ruhe in der Hast des Tages. Kein anklagendes Gefühl des Nichtstuns kommt in mir auf; ich darf mich für einige kostbare Augenblicke zurückziehen und eine Aufgabe erfüllen, die nicht nur Aufgabe, sondern zugleich ein großes Geschenk ist. Ich bin selbst geborgen, indem ich diesen kleinen Menschen bei mir bergen darf.

23. Mai

Mehr und mehr wird mir die Kostbarkeit des Stillens bewußt. Anfangs las ich immer dabei und lernte auf diese Weise viele gute Bücher kennen. Aber zur Zeit muß ich nur immer mein Kind anschauen, wie es, die Augen geschlossen, die Händchen geballt, da liegt und sich alles holt, was es braucht – mit ganzer Kraft, aber doch völlig entspannt.

Nach vollbrachter »Arbeit« scherzen wir miteinander. So oft ich ihm die Brust anbiete, dreht es sich um und lacht. Dieses Spielchen scheint ihm Spaß zu machen, denn es kann dadurch schon zum Ausdruck bringen, daß es genug hat.

Isolde ist bereits seit zwei Monaten nicht mehr bei uns. Ich komme jetzt auch ohne sie gut zurecht, bin aber sehr dankbar für die vergangene Zeit mit ihr.

8. Juni

Immer noch stille ich Damaris morgens und abends. Ich sitze gerade im Schaukelstuhl und füttere unser Kleines. Esther kommt herein und will gerne auf meinen Schoß. Ich mache ihr klar, daß sie ein wenig warten soll, bis Damaris genug getrunken hat. Wortlos läuft sie zu meinem Mann hin, der gerade Zeitung liest. Sie schiebt das große Blatt beiseite, klettert auf seinen Schoß und beginnt, sein Hemd aufzuknöpfen. Dann macht sie es sich in seinem Arm richtig bequem und sucht seine Brustwarze, um fest daran zu saugen. Wir beide schauen uns nur schmunzelnd an. Kein einziges Wort fällt. Als ich Damaris dann ins Bettchen gelegt habe, kommt Esther zu mir. »Ist denn auch Milch gekommen bei Papi?« erkundige ich mich bei ihr. »Ja, sicher«, antwortet sie ernst. Sie scheint fest davon überzeugt zu sein und ist getröstet darüber, daß sie nicht so nah wie das Baby bei mir sein durfte.

10. Juni

Dorothea Vosgerau, Mutter von fünf Kindern, sagte neulich zu mir: »Eigentlich sollte man erst beim dritten Kind anfangen, Kinder zu bekommen.«

Ich gebe ihr von ganzem Herzen recht. Die Arbeit nahm mich vorher viel zu sehr gefangen, und ich maß mich ständig mit ihr. Dauernd ging es mir nur um die Frage, ob ich mit allem fertig wurde oder nicht. Auf diese Weise bekam ich meistens eine schlechte »Note« von mir selbst. Nun lerne ich, Wichtiges von Unwichtigem zu unterscheiden, und es erschließen sich mir dabei neue Kraftquellen. Die Grenzen verschieben sich. Der Flötenunterricht bereitet mir immer größere Freude, so daß ich auch die alltäglichen Dinge schneller und froher anpacken und bewältigen kann. So wächst durch diese selbstgewählte Aufgabe, die mir Befriedigung und Bestätigung bringt, auch ein neues Ja zu der Arbeit, die ich mit meinen Kindern habe.

19. Juni

Wieder einmal sind wir umgezogen. Leider ist die Wohnung nicht ganz so, wie wir es uns wünschten: Es ist nur ein einziges Kinderzimmer vorhanden. Das schien mir anfänglich ein großes Problem

zu werden. Doch die geräumige Küche entschädigt uns für alles. Die Kinder benutzen ihr Kinderzimmer doch nur sehr selten. Meistens spielen sie alle in der Küche. Es ist schön, sie so nah um mich zu haben, wenngleich mich das Durcheinander manchmal auch ärgerlich macht.

Hinter dem Haus ist ein großes Gelände zum Spielen, wo sich die beiden Größeren austoben können. Unsere Nachbarn sind nicht lärmempfindlich; das ist ein großes Geschenk.

15. Juli

Meine Menstruation hat sich wieder eingestellt. Nach den Monaten der Schwangerschaft empfinde ich sie wie eine unangenehme Bürde. Ich muß wieder lernen, mit ihr zu leben als einem Teil, der zu meinem Leben gehört und der mich immer wieder daran erinnert, daß ich Frau bin. So werde ich darauf hingewiesen, daß ich Grenzen habe, und zugleich aufgefordert, mit diesen Grenzen zu leben. Ich bin heute gereizt und unfreundlich. Meine Antworten sind nicht das, was man als sanft bezeichnet. Ob es anderen auch so geht? Ingrid Trobischs Buch kommt mir in den Sinn. Ein Satz fällt mir ein:

»Lebe ich in Unfrieden mit meinem Körper, so lebe ich auch in Unfrieden mit meinem Gott.« (Mit Freuden Frau sein, S. 18.)
Das heißt für mich heute ganz praktisch, daß ich das Waschen der Vorhänge auf nächste Woche verlege.
Nun ist es Abend geworden. Ich will ganz schnell noch niederschreiben, daß ich diesen Tag besser überstanden habe als erwartet. Hoffentlich weiß ich nächsten Monat noch meine Vorsätze und verwirkliche sie.

17. Juli

Immer noch bin ich in meinem Tief. Die Kleinigkeiten des Alltags wollen mich heute buchstäblich erdrücken. Der Wasserhahn im Bad tropft, die Waschmaschine ist defekt, das Kabel vom Bügeleisen ausgerissen, der Elektriker kommt nicht. Da liegt Wäsche zum Bügeln und Flicken, der Teppich sollte gereinigt werden, die Vorhänge sind grau. Gerade ist das Geschirr gewaschen, da braucht man es wieder zum Essen. Die ganze Sinnlosigkeit des Muß überrollt mich. Ich möchte fliehen in eine Arbeit, die begrenzt ist, die ein Ende hat, bei der ich ein Ergebnis, einen bleibenden Erfolg sehen kann. Ich möchte meine Schranken durchbrechen. Ich fühle mich minderwertig und altmodisch, verbraucht und isoliert.
Beim Aufräumen fällt mir ein Buch in die Hand, das ich schon lange lesen will. Ich setze mich mitten in das Durcheinander und blättere. Es hat den Titel »Hausfrau aus Berufung« und ist geschrieben von Elisabeth von Bibra. Da trifft mich der Satz: »Wir müssen keine Minderwertigkeitsgefühle haben. Wir brauchen ein Sendungsbewußtsein. Wir haben einen Auftrag in dieser Welt, der keinen Raum für Minderwertigkeitsgefühle läßt.«
Das hilft. Ich überdenke meine Situation. Nach was sehne ich mich eigentlich?....
Sind meine Familie, meine Kinder nicht die größte Aufgabe, die ich erfüllen kann? Ist nicht die Arbeit an ihnen und für sie das Größte – nämlich Arbeit am Menschen? Ist meine Sorge um ihr Wohl nicht wichtiger als der größte Verdienst und der gemütlichste Job?

4. August

Damaris ist 10 Monate alt. Immer noch stille ich sie am Abend, bevor ich sie zum Schlafen in ihr Bett bringe. Oft schläft sie darüber ein. Wie zufrieden ist ihr Gesichtsausdruck, wenn sie in meinem Arm liegt! Aber ich bin es irgendwie müde, so abhängig von ihr zu sein. Auch körperlich fühle ich mich nicht wohl. Der Arzt hat mir dringend angeraten, mit dem Stillen endlich aufzuhören.

5. September

Inzwischen sind wieder vier Wochen vergangen. Statt Damaris zu stillen, sitze ich nun abends an ihrem Bett und halte ihre kleine Hand beim Einschlafen. Die ersten Abende konnte sie gar nicht begreifen was los war. Sie zerrte so an meiner Bluse, daß ein Knopf dabei abriß. Dabei gebärdete sie sich wie in wilder Verzweiflung, als müsse ich doch verstehen, was sie wolle. Liebevoll habe ich es ihr immer wieder erklärt, daß sie nun ohne dieses »Einschlafmittel« auskommen müsse. Ich merke, wie schwer es ihr fällt, aber ich glaube, sie ist jetzt alt genug.

7 *Nur eine »Rippe«*

12. September

Ha-Jo ist für drei Wochen unterwegs. Ich habe eine tiefe Sehnsucht nach seiner Gegenwart. Es ist wirklich nicht so, als hätte ich keine Beschäftigung; ich bin voll ausgelastet mit unseren drei Trabanten. Es ist vielmehr so, als sei ich gespalten, unvollkommen.
Beim Spaziergang sah ich die Blumen auch mit seinen Augen; ich erlebte den Sonnenuntergang mit ihm, ohne daß er da war. Ja sogar am Dompfaff vor dem Fenster freute ich mich doppelt, im Gedanken an ihn.
Ich habe einen Brief geschrieben und ihm meine Gefühle mitgeteilt. »Warum«, so fragte ich ihn, »hat Gott diese unendliche Sehnsucht in uns Frauen hineingelegt?«
Und ich bekam Antwort:
»Mein Liebes, ich glaube, die Antwort gefunden zu haben. In Gen. 3, 16 steht: »Dein Verlangen soll nach deinem Manne sein, und er soll dein Herr sein«, und in Gen 2, 21 und 22 heißt es, daß die Frau aus dem Manne genommen und aus einem Stück von ihm gemacht ist. Deswegen ist es wohl ihr Verlangen, dorthin zurückzukehren. Vielleicht könnte man auch sagen: Der Mann war vorher vollkommen; nun aber hat er einen Teil der Vollkommenheit an die Frau abgegeben. Die »Wundstelle« beim Mann (Entnahme der Rippe) ist geschlossen. Die Frau aber als ursprünglicher Bestandteil des Mannes drängt wieder zu ihrem Herkunftsort zurück, damit wieder »Vollkommenheit« entsteht: ... und so werden die zwei *ein* Fleisch, Gen. 2, 24. In der Physik ist es so: Je größer ein Körper ist, desto größer ist die Anziehungskraft (Gravitation), die er ausübt. Der größere »Körper« wäre hier der Mann als Ursprung der Frau, so daß die Frau in sich stark die schöpfungsgemäße Anziehungskraft zu ihrem Mann hin verspürt, da sie ja als Teil von ihm genommen wurde.«
»Lieber Ha-Jo, Dein Brief hat mich nachdenklich gemacht. Ich habe

mir zunächst die gleichen Fragen gestellt, die Du Dir stelltest: Wo ist mein Platz? Wo bin ich nicht zufrieden mit mir und anderen? Bin ich glücklich in meiner Rolle als Mensch, Mutter, Frau und Ehefrau? Ich bin – fast zu meinem eigenen Erstaunen angesichts unserer momentanen unsicheren Position – zu folgendem Ergebnis gekommen: Trotz aller inneren und äußeren Belastungen fühle ich mich genau am richtigen Platz. Ich bin zufrieden. Trotz oft endloser Fragen, nerventötenden Geschreies, ständig schmutziger Wäsche – daß drei kleine Kinder so viel Durcheinander und Schmutz verursachen, hätte ich früher nicht für möglich gehalten – bin ich eine glückliche Mutter; und ich bin überglücklich, deine Frau zu sein.
Ich glaube, was eine Frau in ihrer Seele gesund machen kann, kann einen Mann wahnsinnig machen. Das ist natürlich zu stark ausgedrückt, doch ich will dir erklären, wie ich es meine:
Das Lallen eines Säuglings ist für mich Ausdruck eines Glückes, das tief in mir ein Echo hervorruft. Für dich ist es eine kindliche Äußerung, die dir weder Wissen noch Aufstieg, weder Befriedigung noch Ehre verschafft. Du willst die Welt erobern, – ich unser Kind. Du das Wissen – ich das Herz. Es ist gut so, jedoch darf beides nicht getrennt werden. Wissen ohne die Fähigkeit, sich in die Situation des anderen einzufühlen, wird zum grausamen Automatismus, Einfühlungsvermögen dagegen ohne die Fähigkeit, eine Situation sachlich zu sehen, führt zur Verwöhnung. Ich glaube, daß wir voneinander lernen sollen. Wir können nicht aus äußeren Dingen unsere elementarsten Wünsche befriedigen. Wir können sie allenfalls beeinflussen.
Die Schaffensfreude in dir will ein Ziel. Das Ziel muß hoch sein, damit du eine möglichst große Befriedigung erreichst. Wirklich glücklich wirst du allerdings nur sein, wenn du dich hingibst, dich verschwendest.
Auch ich bin nicht am Ziel. Vielleicht aber habe ich günstigere Voraussetzungen. Eine davon ist, daß ich eine Frau bin...«
Immer wieder komme ich an Grenzen, an denen ich mich auch ärgern möchte, nur »Rippe« zu sein. Jedoch merke ich, daß ich nur dann im Frieden mit mir selbst leben kann, wenn ich die Aufgabe, die mir vom Schöpfer gegeben ist, annehme. In der Schöpfung bekommt die Frau keine minderwertige Aufgabe gegenüber dem Mann, sondern eine *andere.* Wahre Gleichberechtigung meint also völlige Entfaltungsmöglichkeit für meine Gaben. Eine Freundin

äußerte das so: »Wer hilft uns zur echten Emanzipation, in der wir Mutter sein *dürfen,* ohne zu verkümmern?«

24. September

Die langen Abende lassen mich über vieles nachdenken. Oft halte ich Damaris in meinen Armen. Manchmal macht sie sich so klein und winzig, als wolle sie noch einmal in mich hineinkriechen. Wie gerne möchte ich ihr diese ganze Geborgenheit schenken! Wehmütig denke ich an die innige Zeit des Stillens zurück.
Es bewegt mich, daß ich mein Kind nicht länger gestillt habe, obgleich es doch danach verlangte. Es war einfach dumm von mir, zu glauben, daß ich diesen Termin festsetzen mußte. Tagelang geht mir dieser Gedanke nach, und ich bin so recht trübsinnig dabei geworden.
Ein altes Kindergebet ist mir wieder eingefallen. Es ist ein sehr schönes Abendgebet, von dem ich aber nur zwei Zeilen noch wörtlich kann: Wollst mir vergeben, Herr, zur Stund, mein Unterlassen und mein Sünd.
Als Kind konnte ich dies immer nicht ganz verstehen, was »unterlassen« ist. Heute weiß ich es. Aber noch mehr. Ich weiß, daß mein Herr auch vergeben kann, was ich zu spät als Unterlassung erkannt habe. Und ich nehme seine Vergebung mit dankbarem Herzen an. Wie vieles werde ich wohl auf dem gemeinsamen Weg mit unseren Kindern noch falsch machen? Wie tröstlich, daß es keine perfekten Eltern gibt. Und wie gut, um die Möglichkeit der Vergebung zu wissen!

30. September

Ich erlebe eine unbeschreibliche Bereicherung in der Gegenwart meiner Kinder, und ich glaube, daß sie die Basis für eine reiche Zukunft ist.
Macht haben, Gewalt ausüben können, sich etwas leisten können – das sind einige Zielvorstellungen unserer Zeit, an deren Leere sie zerbricht. Und wo bleibt das Kind? Sein Kommen bringt Verantwortung mit sich. Sein Dasein erinnert an unsere Grenzen, an unsere Vergänglichkeit. An meinen Kindern messe ich »Wichtigkeit und Nichtigkeit«. Die Sorge um ihre Zukunft und für ihr Wohler-

gehen gibt mir Kraft und Mut, zum Beispiel die drohende Vernichtung des Menschen durch atomare und chemische Waffen nicht tatenlos hinzunehmen. Wie und wann irgend möglich, und sei es auch nur im Kleinen, will ich ein Kämpfer sein für eine gute Zukunft. Was würde mich die Generation nach mir kümmern, wenn ich keine Beziehung zu ihr hätte durch meine Kinder?
Kein Mensch kann mir die Garantie geben, daß gerade unsere Kinder gut geraten. Das einzige, was ich immer wieder investieren kann, ist *Liebe*. Jedes Kind ist auch ein Wagnis. Und dieses Wagnis bleibt. Im Wagnis aber erfahren wir die Möglichkeit und die Freude der Bewältigung. Ich vertraue darauf, daß Gott uns zu den Aufgaben, die er uns zudachte, auch die Kraft gibt.

5. Oktober

Ich habe meine abendliche Runde hinter mir, bei der ich von Bett zu Bett gehe, um meine Kleinen noch einmal zuzudecken. Als ich unsere Schläfer im Schein der Nachttischlampe betrachtete, hätte ich laut hinausjubeln mögen darüber, daß ich Mutter dieser goldigen Spatzen sein darf. Kinderärmchen, die mich umschlingen – wer könnte das mit Geld bezahlen? Oh, wie froh bin ich, daß ich eine Frau sein darf!
Gestern haben wir den ersten Geburtstag von Damaris gefeiert. Die Kinder haben ihr liebevoll den Geburtstagstisch gedeckt. Ihre Augen glänzten, als sie der kleinen Schwester ein Liedchen sangen. Mir wurde der Reichtum an Liebe bewußt, den jedes Kind erfährt, wenn es Geschwister hat. Voller Wonne hat Damaris das Stoffpferdchen hinter sich hergezogen. – Sie läuft schon gut und sagt auch, wenn sie aufs Töpfchen muß.
Draußen ist es kalt geworden. Die Tage werden kürzer und die Nächte länger. Ich liebe die Winterabende, an denen die Kinder um mich sitzen und wir einander etwas erzählen oder ich ihnen Geschichten vorlese. Der Wind bläst draußen die letzten vertrockneten Blätter von den Bäumen und treibt sein Spielchen mit ihnen. Die kahlen Äste der Linde erscheinen wie eine feine Filigranarbeit. Als wären sie tot, so lassen sie sich vom Wind schütteln. Aber aus diesen unscheinbaren grauen Zweigen wird wieder Leben erwachen. In den überwinternden Knospen, die so unauffällig sind, daß sie während des Winters dem Auge des flüchtigen Beobachters ent-

gehen – in ihnen schlummern schon Blatt- und Blütenanlagen für den kommenden Frühling. Und die warme Sonne wird sie zum Wachsen bringen, die Hüllen aufbrechen und ein frisches Grün herauslocken. Auch die Blumenzwiebeln, die ungesehen unter der Erde lagen, werden mit ihrem Keim sich zum Licht drängen, um eine schöne Blüte zu bilden. Alles wird wieder aufwachen, und neues Leben wird sich entfalten. Ich träume jetzt schon vom Frühling, obwohl der Winter erst beginnt. Ich träume jetzt schon wieder von einem Kind, obwohl ich wahrhaftig genügend Arbeit mit meiner Schar habe. Es ist eine Sehnsucht, die der Sehnsucht nach dem Frühling in der Natur irgendwie gleicht. Es geschieht in mir. In einem schlafenden Ei erwacht Leben, eine winzige Zelle beginnt zu wachsen, formt sich zu einem Menschen, wird geboren. Und ich erlebe das mit, spüre das Wachsen in mir, nehme die Bewegung in mir wahr...Ich weiß, daß dieses Wachstum Kraft von mir fordert, daß es manchmal unbequem sein wird, und doch: ich freue mich darauf. Noch weiß ich nicht, wann wir ein weiteres Kind haben werden. Aber wir sind bereit dazu, innerlich bereit. Nicht nur eines, tausend wollte ich zur Welt bringen und aufziehen, hätte ich nur die nötige Kraft.

8 *Aus Liebe*

15. November

Seit einigen Tagen habe ich ziemliche Schmerzen in der Nierengegend, die mich oft launisch und ungehalten machen. Heute habe ich mich endlich entschlossen, zum Arzt zu gehen, nachdem ich die Nacht kaum geschlafen habe. Ich fühle mich recht abgespannt. Die Ärztin untersuchte meinen Urin und sagte mir, ich hätte eine Nierenbeckenentzündung. Dann führte sie auf meine Bitte hin auch einen Schwangerschaftstest durch. Ich durfte dabei zuschauen. Gespannt wartete ich die kurze Zeitspanne, ob sich auf dem Glas eine Veränderung zeigte, die eine Schwangerschaft bestätigte. In diesen wenigen Augenblicken merkte ich, wie es in mir immer wieder schrie: »Nein, ich will kein Kind, nein, jetzt nicht! Ich bin viel zu schwach.«

Die Veränderung auf dem Gläschen trat ein! Ich bin schwanger! Ganz langsam fuhr ich nach Hause. – Wollte ich dieses Kind? Hatte ich mir nicht zuviel zugemutet? War unser Wunsch, noch weitere Kinder zu haben, vielleicht nur Enthusiasmus, der die Folgen nicht überblickte? Ich dachte an die Reaktion der Nachbarn, an ihre neugierigen und abwertenden Blicke. Im Augenblick fühlte ich mich körperlich und seelisch zu schwach, um ihnen zu begegnen. Diese Schwangerschaft war mir leid, bevor sie richtig begonnen hatte. – Aber was wollte ich eigentlich? Ich hatte mir dieses Kind doch gewünscht! Nun, da es empfangen war, schien mir die Belastung wieder zu groß, und ich wollte sie nicht annehmen.

Dann war ich zu Hause. Hans-Joachim erwartete mich. »Ich habe eine Nierenbeckenentzündung, und – wir bekommen ein Kind«, war meine Begrüßung. Ob er meine Entmutigung nicht bemerkte? »Halleluja!« sagte er und schloß mich in seine Arme. Aber eigentlich wollte ich keine Umarmung. Mir war eher zum Resignieren zumute; ich dachte an all die Mütter, die Kinder empfangen hatten, ohne sie zu wollen – und die dann abtrieben. Ich fühlte mich mit ihnen auf einer Stufe. Ich fühlte in mir das Recht, diese Strapazen von mir abzuschütteln. Ich fühlte mich einfach zu schwach, diese Schwangerschaft zu verkraften, mit meiner Müdigkeit fertig zu werden und unsere Kleinen zu versorgen. Und ich fühlte eine Unfähigkeit, die mich wie ein Bleigewicht in die Tiefe zu ziehen drohte. Alle negativen Erlebnisse, die ich meinte, längst vergessen zu haben, schienen wie Riesen aus der Erde zu wachsen und mich zu umringen. Auch das Erleben der letzten Geburt baute sich wie ein unheimlicher Schatten wieder vor mir auf.

21. November

Eine Woche ist inzwischen vergangen. Immer noch kämpfen in mir Vertrauen und verzweifelte Abwehr miteinander. Ich selbst weiß kaum, welcher Stimme ich Glauben schenken soll, weil ich zu zerrissen bin. Doch bin ich dankbar, daß es mir körperlich wieder besser geht. Und heute kam mir eine Veröffentlichung des Deutsch-Kanadischen Missionswerkes (Sulz/Neckar, »Die Bibel für die Welt« Juni 1972) in die Hand. Darin ist eine Art Tagebuch eines ungeborenen Kindes abgedruckt. Ich will es mir aufheben, denn es hat mich getroffen:

1.5. Aus Liebe haben mich meine Eltern heute ins Leben gerufen.
15.5. Meine ersten Adern entstehen, und mein Körper formt sich sehr schnell.
19.5. Ich habe schon einen Mund.
21.5. Mein Herz fängt an zu schlagen. Wer will bezweifeln, daß ich lebe!
22.5. Ich weiß gar nicht, weshalb sich meine Mutter eigentlich Sorgen macht.
28.5. Meine Arme und Beine beginnen zu wachsen. Ich recke mich.
8.6. Aus meinen Händen sprießen kleine Finger. Das ist schön! Bald werde ich damit greifen können.
15.6. Erst heute hat meine Mutter erfahren, daß ich bei ihr bin. Ich habe mich sehr darüber gefreut.
20.6. Jetzt ist es sicher, daß ich ein Mädchen bin.
24.6. Meine sämtlichen Organe sind vorgebildet. Ich kann bereits Schmerzen empfinden.
6.7. Ich bekomme Haare und Augenbrauen. Das schmückt mich!

8.7. Meine Augen sind schon lange fertig, wenn auch die Lider noch geschlossen sind. Aber bald kann ich alles sehen – die ganze schöne Welt und vor allem meine liebe Mutter, die mich noch bei sich trägt.
19.7. Mein Herz schlägt wundervoll. Ich fühle mich so geborgen und bin sehr glücklich.
20.7. Heute hat mich meine Mutter umgebracht.

In der Schwangerschaftswoche, in der ich jetzt bin, steht: »Jetzt ist es sicher, daß ich ein Mädchen bin. Meine sämtlichen Organe sind vorgebildet. Ich kann bereits Schmerzen empfinden.« ...In diesem Bericht ist das ja irgendein Kind. Aber das *in mir,* das ist *mein* Kind, ein Mädchen oder ein Junge, das sich in mir entfaltet, wächst, schon Schmerzen empfinden kann, in dem ein kleines Herz ununterbrochen schlägt. Dieses Ungeborene wird plötzlich ein Gegenüber, für das ich Verantwortung tragen muß wie für meine schon geborenen Kinder. Es geht nicht so sehr um meine Last, es geht um sein Leben. Und es will leben, so wie auch ich leben möchte. Während ich so schreibe, ist mir, als beginne eine Kraft in mir zu wachsen, die vorher nicht vorhanden war. Ob es mein Ja ist, das ich gefunden habe? Oder das Wissen um eine neue große Aufgabe? Ich weiß, daß der Kampf noch nicht zu Ende ist, aber ich spüre Kraft – die Kraft, den Kampf aufzunehmen, um ihn zum guten Ende zu führen.

8. Dezember

Unser Kleines wächst. Bald kann ich unser Geheimnis nicht mehr verbergen. Die Kleider werden schon zu eng. Ich habe Angst davor, dieses Geheimnis preiszugeben. Nun, da der Kampf im Innern ausgefochten ist, fängt der »Kampf« mit der kinderfeindlichen Umwelt an. Aber ich liebe mein Kind. Oft halte ich Zwiesprache mit ihm. Es ist willkommen, und ich will es die anderen spüren lassen.
Welch ein Vertrauen setzt Gott in mich trotz all meiner Unfähigkeit! Ich lerne ein wenig davon, was Maria durchmachte, als sie das Mißtrauen des vertrautesten Menschen und der ganzen Verwandtschaft auf sich gerichtet fühlte. Dennoch sagte sie zu dem Engel voller Vertrauen und Glauben: »Mir geschehe, wie du gesagt hast.« (Lukas 1,38)
Das Beispiel der Maria macht mich fähig, Gott auch in meiner Schwangerschaft zu vertrauen.

12. Dezember

Werner war zu Besuch. Es war erfrischend und zugleich erschütternd, von seinen letzten Erlebnissen zu hören, die er in Ländern hatte, in denen Christen keine Freiheit haben. Welche Einsatzbereitschaft findet man unter jenen Christen dort!
Wir haben ihm unser Geheimnis anvertraut, daß unser viertes Kind im Werden ist. Er begann zu lachen und erzählte: »Denkt euch, was mir bei meiner letzten Reise begegnet ist. Ich wohnte bei einem Ehepaar mit acht Kindern. Die Wohnung war sehr klein, und mein Gästezimmer war der Raum, in dem normalerweise die Schweine geschlachtet wurden. Ein großer Haken über meinem Bett und die anderen Gegenstände im Zimmer zeugten davon. Trotz der Beengung herrschte in dieser Familie ein großer Friede – was nicht bedeutet, daß es leise zuging. Es bedeutet vielmehr, daß die Atmosphäre eine ganz besondere war.
Natürlich kamen wir auch auf die Kinder zu sprechen. Als meine Gastgeber hörten, daß wir ›nur‹ zwei Kinder hätten, schwiegen sie ganz betroffen. Schließlich sagte der Vater der Familie: ›Bruder, wir wollen den Herrn bitten, daß er dich mehr beschenkt!‹«
Welch ein Vertrauen haben diese Menschen in Gott! Offenbar sehen sie Kinder als Geschenk an, das den besonderen Segen Gottes ausdrückt.

14. Dezember

Die Nierenbeckenentzündung ist ausgeheilt. Ich merke, daß meine Kräfte wiederkehren. Langsam und doch immer mächtiger wächst aus dem zögernden Ja, das in der Zeit meiner kleinen Kraft »geboren« wurde, eine richtige Vorfreude auf unser Kind. Diese ganze Schwangerschaft beschwert mich viel weniger als die vorausgehenden. Auch psychisch bin ich ausgeglichener. Und nicht nur ich. Auch an Hans-Joachim scheint sich eine Veränderung zu vollziehen. Er geht auf mein Empfinden ein, und ich fühle mich von ihm tief verstanden.
Heute habe ich das wieder neu gemerkt, als ich ihm ängstlich mitteilte, viele Menschen seien zur Zeit an Röteln erkrankt. Die Röteln sind eine Kinderkrankheit, die normalerweise recht harmlos verläuft. Aber für das Ungeborene, dessen Mutter erkrankt, kann es in den ersten 3 Monaten schwere Schäden bewirken. Ich habe diese

Krankheit noch nie gehabt. Nun habe ich Angst um unser Kleines. Hans-Joachim ist der Wall, der sich zwischen mich und meine Unsicherheit stellt. Er ist der Wanderer, der in seinem Rucksack meine Probleme mitnimmt vor den Thron unseres Vaters im Himmel. Daß wir miteinander beten können, ist mir ein großes Geschenk.

8. April

Vor ein paar Tagen brachte mir mein Mann eine Schachtel Pralinen mit nach Hause. Und das trotz meiner ganzen Dicke des sechsten Monats! Ohne Vorwurf sah er mir zu, wie ich sie mit Genuß in kurzer Zeit verspeiste, und ich bemerkte einen Ausdruck von Glück in seinen Augen. Da fühlte ich mich so recht angenommen, reich und geliebt.

Das war nicht immer so. Wie ein Löwe wachte er in den beiden ersten Schwangerschaften über mein Gewicht, ging sparsam mit Komplimenten um und brachte mich dadurch oft in einen Zustand tiefer Entmutigung. Ich war um so weniger fähig, maßvoll zu essen, weil ich mich unverstanden fühlte. So führte ich mir selbst Gutes zu in Form von Süßigkeiten – und nahm immer mehr zu. Und zugleich wuchsen Aggressionen gegen das Kind, das mich dick machte.

Ich bin dankbar für die Mithilfe meines Mannes, für seine vermehrte Zuwendung und die kleinen Komplimente anstatt eines erhobenen Zeigefingers. Er bringt mir keine Riesensträuße dunkelroter Rosen, aber manchmal eine einzige Blume. In mir ist dann ein Hauch von dem Verliebtsein unserer ersten Tage.

15. Mai

Wir bereiten diese Geburt gemeinsam vor. Eine große Hilfe ist uns dabei das Buch von Ingrid Mitchell: »Wir bekommen ein Baby« (Rowohlt-Verlag, Reinbek bei Hamburg). Sie gibt gute Anleitungen für Entspannungsübungen und Gymnastik. Aber nicht nur das. Sie zeigt dem Ehemann, wie er seine Frau und sich auf die Geburt vorbereiten kann.

Es ist für mich ein großes Erlebnis, wie stark Hans-Joachim an meiner Veränderung teilnimmt. Er hört die Herztöne seines Kindes, indem er sein Ohr auf meinen Bauch legt. Mit dem Kugelschreiber malt er ein Kreuzchen darauf und ist stolz, die Stelle gefunden zu haben. Ich fühle seine Freude. Es ist die Freude des Nicht-mehr-Ausgeschlossenseins, ja der aktiven Mithilfe. Er erlebt Befriedigung, und ich freue mich mit, weil dies eine befreiende Basis zu einem guten Start für dieses neue Leben ist – frohmachender Ausweg aus dem Zustand von Unverstandensein und Angst. Diese Stunden lösen uns von den Problemen der zurückliegenden Monate und führen uns hin zur Freiheit und Tiefe neuer Erlebnisfähigkeit.

23. Juni

Vor etwa vier Wochen hatte ich leichte Blutungen. Acht Tage lang mußte ich im Krankenhaus still liegen und durfte nicht einmal aufstehen. Und dann konnte ich doch noch einige Zeit zu Hause sein, als ich versprochen hatte, mich bei den ersten Anzeichen von Wehen ins Krankenhaus zu begeben und spätestens am Geburtstermin da zu sein. Und morgen ist der Termin: ein Sonntag. Draußen ist es sehr heiß. Wieder liege ich im Krankenhausbett. Doch ich genieße in vollen Zügen die Ruhe um mich her. Ich bin dankbar, daß meine Mutter unsere Kinder versorgt. Sie hängen sehr an ihr – und so war es für mich nicht allzu schwer, mich für kurze Zeit von ihnen zu trennen. Besonders die beiden Mädchen brennen darauf, bald das langersehnte Baby zu sehen, das so lange in meinem Bauch versteckt gewesen ist. Ich mußte ihnen versprechen, daß ich es gewiß mit nach Hause bringe. Meine Gedanken kreisen um den kleinen Menschen in mir, den ich bald sehen werde. Wie eng mag es ihm wohl in seiner Höhle geworden sein, in der er sich einst als winziges Lebewesen in großer Freiheit bewegen konnte, und die sich nun wie ein Gefängnis um ihn schließt! Ich lege meine Hände auf meinen Bauch und halte Zwiesprache mit dem Kind. Mächtig bewegt es sich, als suche es einen Ausgang, ein wenig Platz für seinen Tatendrang. »Bald, bald wirst du frei strampeln können«, tröste ich es.
Hans-Joachim darf bei der Geburt wieder bei mir sein. Nun, da er schon dreimal »geboren hat«, scheint die Erlaubnis auch für die Ärzte keine Hürde mehr zu sein.

9 »*Schon*« *drei Kinder*

24. Juni

Die Visite war da. Ich kenne den Chefarzt nur wenig. Er hat verschiedene Untersuchungen vorgenommen und noch einmal alles schriftlich festgehalten. Dann entspann sich folgendes Gespräch: »Sie haben schon drei Kinder?« – »Ja, und ich bin sehr glücklich mit ihnen.« – »Dies wird ihr viertes Kind sein. Vor dem Durchtritt des Kopfes, bei der Geburt, ist es bei uns üblich, den Frauen eine Narkose zu geben. Wenn Sie einverstanden sind, könnten wir im Anschluß an die Geburt dann gleich eine Sterilisation vornehmen. Dies ist kein großer Eingriff. Wenn Sie danach aufwachen, ist alles überstanden.« Ich rang nach Luft. Eigentlich bin ich nicht so schnell aus der Fassung zu bringen, aber das empörte mich zutiefst. – »Überstanden? – Ich freue mich auf diese Geburt, auf mein Kind, wenn es geboren wird, wenn ich es in meine Arme schließen darf, wenn ich es berühren kann! Neun Monate habe ich auf das Kleine gewartet, und nun sollte ich diesen Moment seiner Ankunft in Narkose verschlafen? Und warum Sterilisation? Sind Kinder solch ein Unglück, daß vier das höchste ist, was man verkraften kann?« Ich merkte, daß ich anfing, mich in Tränen aufzulösen. Und ich war wütend über meine Tränen, denn eigentlich war ich bereit, einen Kampf aufzunehmen, um meines Kindes willen. Ich liebte mein Kind in mir, ich liebte die Kinder, die schon geboren waren, aber ich liebte auch all die, die mir noch geschenkt werden sollten. Sterilisiert käme ich mir vor wie ein Brunnen ohne Wasser – wie ein Mensch, der sich willig zum Krüppel machen läßt nur aus Bequemlichkeit – wie ein Haus, das ich zuschließe, um niemandem mehr Geborgenheit zu schenken; es wäre, als sägte ich mir selbst den Ast zum Baum ab, der mich mit dem Lebenselement verbindet – als würde ich mir aus falscher Bescheidenheit die Reichtümer versagen, die tief in der Erde darauf warteten, von mir zu Tage gefördert zu werden, – als würfe ich einen Scheck, der mir höchste Gewinne verzeichnete, unachtsam ins Feuer. Wie ein Feuerwerk leuchteten und sprühten diese Gedanken in jedem Winkel meines Wesens. Ging es nur mir so? Sprach dieser Arzt nicht so, als spreche er im Interesse vieler? War ich so unnormal, in dieser Weise zu empfinden? Ich weiß, daß ich diese Endgültigkeit der Sterilisation nicht ertragen könnte. Ich würde mich einer wichtigen Möglichkeit beraubt fühlen, deren Vorhandensein mein Leben bereichert, auch wenn ich sie nicht in Anspruch nehme.

Lange schon hat der Arzt das Zimmer verlassen. Irgendeine Entschuldigung hat er geäußert, bevor er die Tür schloß.

Meine Not wird zum Gebet. Ich bitte Gott um eine gute Geburt. Bald danach ist Hans-Joachim ins Zimmer gekommen. Ich konnte nicht viel sprechen. Aber ich legte meinen Kopf an seine Schulter und fühlte seine ausgebreiteten Arme um mich. Er spürte meine Bedrückung. Wir redeten nichts. Allmählich breitete sich wieder ein Gefühl der Geborgenheit in mir aus. Mir war, als würde sie sich in unserer Umarmung auch um all die schließen, die zu uns gehörten; als sei Ha-Jo das Nest, in das ich auch mein Kind legen könne, um es in Sicherheit zu wissen. Gott war so nah, daß ich meinte, ihn zu berühren, wenn ich nur die Hand ausstreckte. Ich weiß, daß er noch näher war. Er selbst hatte ja diesen Wunsch, Leben weitergeben zu dürfen, in uns hineingelegt.

25. Juni

Heute habe ich kräftige Wehen. Hans-Joachim kann den ganzen Tag bei mir sein. Ich habe ihn gebeten, mir am Krankenhauskiosk eine gute Zeitschrift mit vielen Bildern zu besorgen, um mich etwas abzulenken. Und was brachte er? »Festliche Menüs zu allen Gelegenheiten!« Und das, obwohl ich seit zwei Tagen fast nichts zu essen bekommen habe, da man annahm, daß das Kind bald käme! Mir lief das Wasser nur so im Munde zusammen. Oh, diese Männer! Ich sah saftige Hähnchen und leckere Braten, kühles Eis in der drückenden Sommerhitze und herrliche kühle Getränke!

Immerhin, ich war abgelenkt. Als die Wehen dann stärker wurden, fing unser »gemeinsames Examen« an. Nun mußte in die Tat umgesetzt werden, was wir in vielen Stunden geprobt hatten – und wir waren ehrlich gespannt auf unsere »Erfolge«. Hans-Joachim »prüfte« meine Entspannung, teilte mir den Abstand der Wehen mit und erinnerte mich an die richtige Atmung. Nur selten kam ein Arzt in

den Kreißsaal, um nach uns zu sehen. Der Muttermund war wohl noch zu wenig geöffnet, als daß es dringend genug aussah, dabei zu bleiben. Ich konnte mich sehr gut entspannen und nahm jede Phase der Geburt wahr; ich spürte sogar, wie sich der Muttermund mehr und mehr weitete. Es konnte nicht mehr lange dauern! Der Arzt kam zur Untersuchung ins Zimmer. Mir war übel, und ich bat ihn, meinen Blutdruck zu messen. Die Hebamme kam mit dem Apparat – gerade noch rechtzeitig, um den kleinen Kopf unseres Mädchens in Empfang zu nehmen. Der Damm war nicht gerissen. – Der Arzt, der die Tür hinter sich geschlossen hatte, stürmte herein und führte die Geburt zu Ende. »Das sind die Leute, die ihre Kinder schon im Aufzug bekommen«, kommentierte er, zur Hebamme gewandt. Aber er hatte Unrecht, denn ich hatte starke Wehen gehabt. Es hatte meine ganze Konzentration erfordert, mich zu entspannen und richtig zu atmen. Nun schien er irritiert, weil ich so ruhig dagelegen hatte, ohne zu jammern.
Ich hatte den starken Wunsch, mein Kleines gleich an meiner Brust trinken zu lassen. Es schrie so jämmerlich. Ich fragte, ob ich es anlegen dürfe. Mit überheblichem Lächeln wurde die Bitte abgelehnt. Endlich, endlich waren alle Ärzte draußen. Ich nahm mein Kind ganz nah zu mir. Fest schloß es seinen kleinen Mund um meine Brustwarze und saugte. Das Schreien hörte auf. Die Kleine beruhigte sich. Die Verbindung, die sie unfreiwillig hatte aufgeben müssen, schien sich irgendwie wieder neu zu knüpfen.
Ganz froh schauten Hans-Joachim und ich unser Kind an. Glücklich blickten wir uns in die Augen. »Du warst einfach wundervoll«, flüsterte er mir ins Ohr. Und ich konnte nur antworten: »Mein Lieber, du auch. Dieses Kind haben wir wirklich gemeinsam geboren«. Unwillkürlich muß ich an unser Versprechen vor dem Traualtar denken: »Bist du gewillt... sie zu lieben und zu ehren... ihr in Freude und Leid zur Seite zu stehen, bis Gott euch durch den Tod scheidet? So antworte ›Ja‹.« Es ist mir, als klinge dieses »Ja« wie ein mächtiges Donnerwort noch einmal in meinen Ohren und vereine sich mit dem kraftvollen Tönen der Orgel, die wie ein tosendes, frisches Wasser den Choral spielt: »Großer Gott, wir loben dich.« Alles in mir singt mit. Ich fühle mich aufgelöst in tausend Saiten, von der jede mit der anderen im Jubel wetteifert. Und das alles ist in vollkommener Harmonie mit mir selbst, mit meinem Mann, mit unserem Kind...

Der erste Schrei.
Nach jeder Geburt war es der erste Schrei des Babys gewesen, der mich wieder in eine frohe Stimmung brachte: Mein Kind ist da! Es lebt! Ich darf es haben. Alles ist überstanden. – Aber dieses Mal ging noch etwas anderes in mir vor. Ich betrachtete das schmerzverzerrte Gesicht meines kleinen Mädchens, und da wurde mir bewußt, daß das Kind gerade einem Erlebnis voller Grauen entkommen war, daß dieser Schrei ein Hilfeschrei, ein Schrei der Verzweiflung war. Das Kleine war gedrückt, gepreßt, geschoben worden während der Wehen. Es tat mir weh, als es an den Beinen gepackt, gemessen und wie eine Puppe in enge Kleider gesteckt wurde, bevor es mir gebracht wurde. Ich sehnte mich danach, es in meinen Armen, ganz nah bei mir, zu bergen. Ich wollte es trösten, es beruhigen und sanft streicheln.

26. Juni

Es ist Nacht. Ich höre deutlich das Geschrei aus dem Säuglingszimmer. Ob unsere Miriam wohl auch wach ist? Wie gerne würde ich sie jetzt trösten! Aber eine »sterile« Tür trennt uns voneinander. Ich möchte die Tür öffnen, um zu meinem Kind zu eilen; doch das ist mir verboten. Mein Kind! Aus meiner warmen Höhle mußtest du herauskommen, und dann haben sie dich mir weggenommen, und nun darfst du dich nicht einmal mehr an mich schmiegen. Wie freue ich mich auf zu Hause!

28. Juni

Miriam
Da bist du also!
Du kleines, liebes Menschenkind bist auf dieser großen, weiten Welt angekommen. Ich kann es einfach noch nicht fassen, wenn ich dich in den Armen halte und du so ganz dicht neben mir liegst wie ein Teil meiner selbst – ich kann es nicht fassen, daß du zuvor das strampelnde Wesen in meinem Bauch warst. Da liegst du, ganz vertrauensvoll, ganz hilflos. Ich darf dich füttern, dich laufen lehren, dich erziehen, dich lieb drücken und mich von dir drücken lassen. Bin ich nicht zu beneiden? Wie ist das Muttersein doch so köstlich! Wir lieben dich, unser Kind. Wir lieben dich.

Noch immer gerät meine Seele in Bewegung, wenn ich an die Geburt denke. Das ist so etwas unendlich Schönes, diese Stunden mit Hans-Joachim zu erleben; und dann – der erste Schrei... Womit soll ich diese Momente vergleichen? Es sind einfach die Höhepunkte unseres Lebens, wo wir Gottes Schöpfermacht ganz im Innersten begreifen, seine Allmacht unmittelbar fühlen und seine Liebe für Momente mit überwältigender Kraft fassen dürfen. Und wir erlebten das gemeinsam! Welch einen Auftrieb und Inhalt gibt dieses Erleben unserer Ehe! In unserem Kind ist das Wirklichkeit geworden, wonach wir uns in den tiefsten Stunden im Betrachten unserer Seelen, im Schlag unserer Herzen, in den innigsten Augenblicken des Verstehens schon so oft gesehnt haben: nur noch ein Leib, ein Herz, eine Seele zu sein.

30. Juni

Ein Gebet:
Mein Gott, wie groß bist du. Wie reich machst du jede Mutter dieser Welt, indem du ihr etwas von deiner Schöpferallmacht anvertraust. Ich darf ein Stück deiner Größe begreifen und verliere meine Erdgebundenheit für Minuten, bin eingetaucht in das Meer deiner unendlichen Liebe. Mit der Leichtigkeit einer Schwalbe schwinge ich mich empor zur Unendlichkeit. Wie ein Küken unter den Flügeln der Glucke fühle ich mich geborgen, weil ich selbst bergen darf.
Herr, danke, daß ich eine Frau sein darf. Danke, daß ich Hans-Joachims Frau sein darf. Danke, daß ich Mutter sein darf. Danke, Herr, für jedes mir anvertraute, kostbare Stück deiner persönlichen Schöpfung. Wie reich hast du uns gesegnet.
Danke, Herr!

2. Juli

Heute, endlich, werde ich aus dem Krankenhaus entlassen. Ich habe noch einmal diese Schwangerschaft durchdacht und bin neu dankbar dafür, daß Hans-Joachim und ich uns durch sie noch näher gekommen sind.
Aber auch an die Angst, an Röteln zu erkranken, wurde ich erinnert. So bat ich den Arzt, mich dagegen zu impfen, für den Fall einer weiteren Schwangerschaft. Beim Abschied sagte der Arzt fast spöt-

tisch zu mir: »Auf Wiedersehen bis zum nächsten Mal«. – Doch ich hoffe sehr, daß es kein Wiedersehen in diesem Krankenhaus geben wird. Ich würde auf jeden Fall einen anderen Arzt wählen.

10. Juli

Die Kinder sind außer sich vor Freude. Am liebsten würden sie Miriam den ganzen Tag auf dem Schoß haben. Sie staunen über die kleinen Finger, den kleinen Kopf und den spärlichen Haarwuchs.

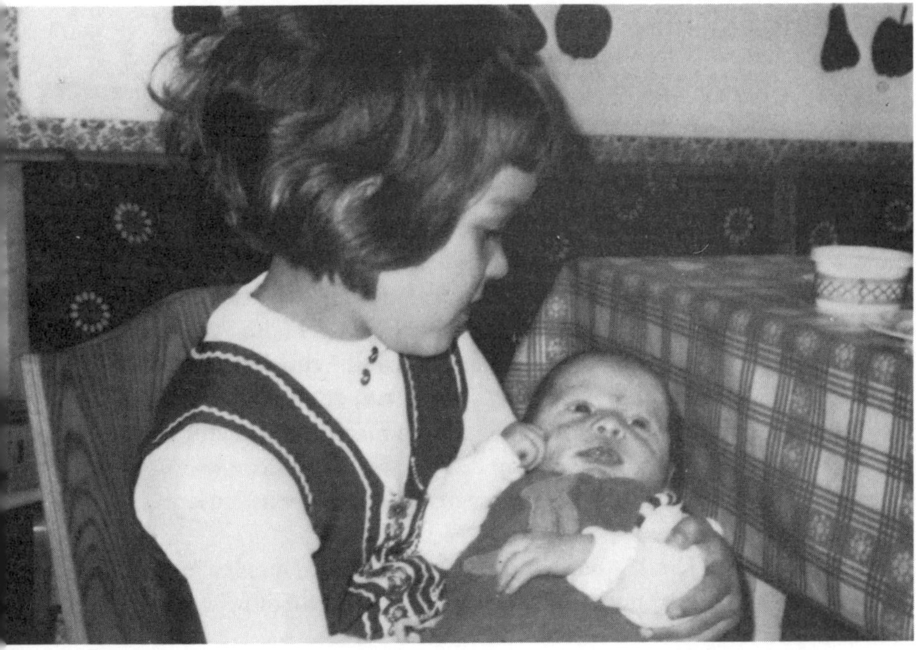

Zu gerne wollen sie probieren, ob das Schwesterchen schon laufen kann. Hundertmal am Tag wird sie geküßt.Es ist einfach eine Wonne, zu sehen, wie sie den kleinen Neuankömmling in ihrer Mitte aufnehmen.

22. Juli

Im Herbst möchte Anne mit ihrer Schwesternausbildung beginnen. Nun ist sie zu uns gekommen, um mir für acht Wochen behilflich zu sein. Ich staune immer wieder darüber, wie Gott uns im richtigen Moment Hilfe schickt. – Anne und ich verstehen uns prächtig. Ich kann nun wieder Kraft schöpfen für unsere neue Aufgabe.

6. September

Miriam liegt in meinem Arm und trinkt. Diese Momente des Stillens sind immer noch, immer wieder, Oasen inneren Friedens. Sie verlieren nichts von ihrer Schönheit, Innigkeit und Kraft, auch wenn sie sich noch so oft wiederholen. Wenn ich auf die letzten Jahre meines Lebens zurückblicke, so gelange ich immer wieder zu dem Punkt, an dem sich mein Verhältnis zu meinen Kindern entscheidend wandelte: Es war die Zeit meiner größten Entdeckung, der Gipfel eines Bergmassivs, der meine kleine Welt und meinen winzigen Horizont mit einem Mal auf Weiten dehnte, die mich schwindeln machten. Eine Fülle tat sich auf, deren Vorhandensein ich nicht einmal erträumt hatte, Wege öffneten sich und wiesen auf Ziele, von deren Existenz ich nie gewußt hatte. Und all das geschah doch nicht laut, für die anderen sichtbar oder umwerfend wie eine Sensation. Es wuchs in meinem Inneren aus der Dunkelheit ins Licht, veränderte mich durch und durch, ließ mich aufatmen, brachte Farbe in mein Leben. Es war die Zeit, in der ich entdeckte, daß Stillen nicht nur notwendig für das Kind ist, sondern auch für die Mutter, für mich. Das Stillen machte mir, nachdem die Hürde der Hilflosigkeit überwunden war, die Schönheit des Lebens, meines Lebens, unseres Lebens begreiflich.
Ich liebe mein Kind. Aber nicht nur das. Ich verschmelze mit ihm und bin eins mit ihm. Ich erkenne es und erkenne mich. Ich lebe.

20. September

Wir haben unser Schlafzimmer ausgeräumt und ein Kinderzimmer daraus gemacht. Es ist gut, wenn die Kinder mehr Entfaltungsmöglichkeit haben. Unser Schlafzimmer war ja doch den ganzen Tag über ungenutzt. – Wir haben jetzt eine zweite Schlafcouch im Wohnzimmer, und so ist dieses unser Schlafzimmer geworden. Ich bin froh über die neue Lösung.

10 *Von Freiheit und Glück*

10. Juni

Fast ein Jahr ist inzwischen vergangen. Wir haben viel Freude an unseren Kindern, doch sind sie oft krank. Die gestörte Nachtruhe macht mir sehr zu schaffen.
Auch heute liegt eine fürchterliche Nacht hinter mir. Markus hatte Schmerzen in den Gelenken, Esther bekam keine Luft durch die Nase und rief nach Nasentropfen, Damaris wollte unbedingt bei mir schlafen. Ich trug sie wieder in ihr Bett, als sie eingeschlafen war. Und dann war Miriam aus dem Bett gefallen und schrie jämmerlich. Eine solche Häufung von Störungen in einer einzigen Nacht macht mir wieder bewußt, daß Kinder zu haben alles andere als Bequemlichkeit, Unabhängigkeit oder reines Glücksgefühl bedeutet. Am liebsten möchte ich heute morgen meine Sachen packen und ausreißen, frei sein, ungebunden, ohne Verantwortung. – Aber was ist Freiheit? Wann bin ich frei? Bedeutet Freiheit wirklich Unabhängigkeit? Ich male mir aus, was ich tun könnte, wenn ich keine Kinder und keinen Mann hätte:
»Ich lebe in einem schönen Appartement am Rande der Stadt. Der Wecker läutet. Ich habe die ganze Nacht wundervoll geschlafen. Nach dem Aufstehen und Waschen genieße ich ein herrliches Frühstück bei schöner Musik. Keiner stört mich, keiner fragt mich nach Hausaufgaben, Hose, Hemd und belegtem Brot. – Aber auch keiner gibt mir einen Kuß, keiner läßt mich teilhaben an seinen Sorgen, fragt mich nach meiner Meinung. In der Straßenbahn kenne ich viele Gesichter, jedoch keine Namen. Es ist so unpersönlich. Dann im Geschäft finde ich distanzierte Freundlichkeit, Arbeit, Ärger. Am Abend komme ich wieder nach Hause. Niemand begrüßt mich, keiner fragt mich, wie es mir geht. Ich habe Ruhe und bin allein.« – Sehne ich mich wirklich danach? Mit wem aus meinem Bekanntenkreis wollte ich denn tauschen? Die Wogen in mir glätten sich wieder. Nein, tauschen will ich mit niemandem in der ganzen Welt! Und doch: Kinder zu haben bedeutet harte und fast pausenlose Ar-

beit. Das eigene Versagen und die Abhängigkeit von Gott werden immer wieder deutlich. Im Grunde will auch ich keine Abhängigkeit. Die Freiheit erscheint mir oft so erstrebenswert! Aber kann ich überhaupt völlig frei, d. h. unabhängig von jedem Gesetz, unabhängig von Menschen leben? Ich kann es nicht! Gerade durch selbstgewählte, vermeintliche Freiheit werde ich immer wieder in Konflikte kommen, die mich im tiefsten Grunde unfrei, unglücklich und verzweifelt machen. Ich glaube, daß nur der wirklich frei ist, der im Gehorsam gegenüber Jesus lebt.

28. Juli

Der Arzt hatte uns dringend geraten, um der Gesundheit der Kinder willen in die Berge zu fahren.
Und nun liegen wundervolle Tage hinter uns. Wir haben mit unseren vier Purzeln Urlaub in Österreich gemacht. Eigentlich wurde es nur deshalb möglich, weil ich unsere Miriam immer noch stille, obwohl sie schon 13 Monate alt ist. Denn so hatte ich stets das »Fläschchen« parat, und die Milch war weder sauer noch zu kalt, weder angebrannt noch zu stark erhitzt. Wie froh bin ich, daß das Stillen kein Problem mehr für mich ist! Es gehört ganz selbstverständlich zu unserem Leben – es ist selbstverständlich bis auf den einen Punkt, daß es mir immer noch große Freude macht.
Auf dem Attersee unternahmen wir bei herrlichem Sonnenschein eine Seefahrt. Wir stiegen bei Nieselregen auf die Salzburg, bewarfen uns auf dem Krippenstein mit Schnee, bestaunten die Bergwelt und die vielen kleinen farbenprächtigen Blumen und zitterten miteinander in der Seilbahn, als sie bei Gewitter über die Tiefe schwebte. Aus voller Kehle sangen wir, während die wunderschönen Seen an unserem Auge vorbeiglitten. Wir haben Eis gegessen und manchmal alle miteinander im großen Ehebett geschlafen, haben den Sonnenaufgang bewundert oder gründlich verschlafen. Wir haben eine Nacht ungewaschen geschlafen, weil ein großer Nachtfalter, vor dem wir uns fürchteten, das Bad »belegt« hatte. Die Geschichten aus der Bibel wurden uns lebendig, denn wir lasen sie mit einem Herzen, das durch die neuen Erlebnisse weit geworden war. Unsere Beziehung zu Gott ist einfacher und direkter geworden; ich fühlte mich in diesen Tagen selbst noch einmal als Kind. Was wären wir ohne unsere Kinder!

14. Dezember

Miriam ist nun fast achtzehn Monate alt. Und all diese Monate nach der Geburt konnte ich sie stillen. Es war eine ganz besondere, eine schöne und reiche Zeit. Nie konnten wir zu lange voneinander getrennt leben, höchstens für einige Stunden, und dann hatten wir ganz nah Gemeinschaft miteinander. Diese Zeit war keine Fessel für mich; ich empfand sie nie als Gefängnis, wenngleich mir viele Dinge dadurch nicht möglich waren. Die Bereicherung meines Lebens, die Glückseligkeit jener Momente stehen in keinem Vergleich zu dem, was ich hätte versäumen können. Ich bin aufgelebt und fühlte mich trotz aller Arbeit wie eine Blume, die sich entfaltet – erfüllt, reich und fähig, die Strahlen der Sonne zu genießen und den Regen als Notwendigkeit mit hineinzunehmen in mein tägliches Ergehen. Ich blieb in den Nächten vor der Kälte geschützt, weil mein Leben in Gott ruhte. Sogar heftige Gewitter brachten mich nur selten aus dem Gleichgewicht.
Und nun ist diese Zeit abgeschlossen. – Miriam ist in meinen Armen eingeschlafen. Sie möchte nicht mehr an meiner Brust trinken, auch wenn sie darf. Jedes Kind ist irgendwie ein Baustein für das nächste. So habe ich, was ich bei Damaris erst später als richtig erkannte, bei Miriam verwirklichen dürfen. Das Kind bestimmt den Zeitpunkt des Abstillens selbst am besten.

18. Dezember

Ich erinnere mich, daß ich als Kind in der Straßenbahn folgendes erlebte: Mir gegenüber saß eine ältere Frau, die mit ihrem Enkelkind unterwegs war. Das Kind fragte fast ohne Pause nach allem, was es gerade durch die Glasscheibe wahrnehmen konnte. Die Frau wurde ungeduldig und unterbrach schließlich recht barsch die Fragen des Kindes mit den Worten: »Laß mich jetzt einmal wenigstens fünf Minuten in Ruhe.«
Ich war damals im Herzen empört über soviel Lieblosigkeit. Es hätte mir große Freude bereitet, dem Kind zu antworten. Mich ärgerte das Verhalten der Frau, die solch ein interessiertes Kind bei sich hatte. Deshalb erinnere ich mich wohl auch noch so lebhaft an den kleinen Vorfall. Wie gut verstehe ich diese Frau heute. Von morgens bis abends werde ich nach dem Warum gefragt. »Warum

haben manche Bäume Blätter und manche Nadeln? Warum sieht ein Regenbogen bunt aus? Oder: Gibt es im Himmel auch ein Bett für mich, darf ich meine Puppe mitnehmen, wenn ich später in den Himmel gehe? – und, Mama, wenn der Herr Jesus einmal wiederkommt, gelt, dann dürfen wir unseren Wohnungsschlüssel nicht vergessen!« Oft antworte ich bis zur Erschöpfung. Und manchmal werde ich dann auch ungeduldig, genau so wie jene Frau damals, und bin kein geduldiger Zuhörer mehr. Manches kann man offensichtlich nur beurteilen, wenn man es am eigenen Leibe erfährt.
Ich hänge lieber meinen eigenen Gedanken nach, anstatt mich ständig unterbrechen zu lassen. Und doch – wie anders sollen meine Kinder die Welt kennenlernen, Zusammenhänge erfassen, wenn ich ihnen nicht antworte? Oft höre ich ihnen nur zu in der stillen Hoffnung, daß sie bald aufhören zu reden. – Ich möchte lernen, ihre Kinderfragen genauso ernst zu nehmen, wie ich meine eigenen Fragen ernstgenommen sehen will. Mein Ohr muß wach werden für das, was die Kinder ängstigt, für das, was sie besonders bewegt; ich muß »dahinterhören«. Es ist ein ständiger Kampf zwischen meiner Zeitplanung, bzw. meinen verschiedenen Aufgaben, und der Zeitvorstellung, die meine Kinder haben. Immer wieder muß ich in mir selbst einen Freiraum für meine Kinder zurückerobern, ohne mich dabei selbst aufzugeben oder zu verlieren. Eine Arbeit halb fertig weglegen zu können, ohne ihr nachzuhängen und ohne unzufrieden zu sein, daß sie noch nicht erledigt ist – das will gelernt sein.
Warum wohl die Hirten auf dem Feld die ersten waren, die von den Engeln erfuhren, daß Jesus geboren war? Gewiß deshalb, weil sie den Mut hatten, die Schafe zurückzulassen, auch auf die Gefahr des Verlustes hin. Sie eilten zum Stall, weil sie erkannt hatten, daß auch der größte Verlust nichts bedeutete angesichts dieses Geschehens. Und sie fanden das Kind…

25. Januar

Heute bin ich 28 Jahre alt geworden. Ich freue mich über all die schönen Dinge, die ich geschenkt bekam. Aber meine größten Geschenke sind doch unsere Kinder.
Gerade war ich bei den vier kleinen Schläfern. Was für einen Lärm haben sie vor einer Stunde noch gemacht! Nun hört man nur noch gleichmäßige Atemzüge. Ich habe das Nachtlicht angeschaltet und

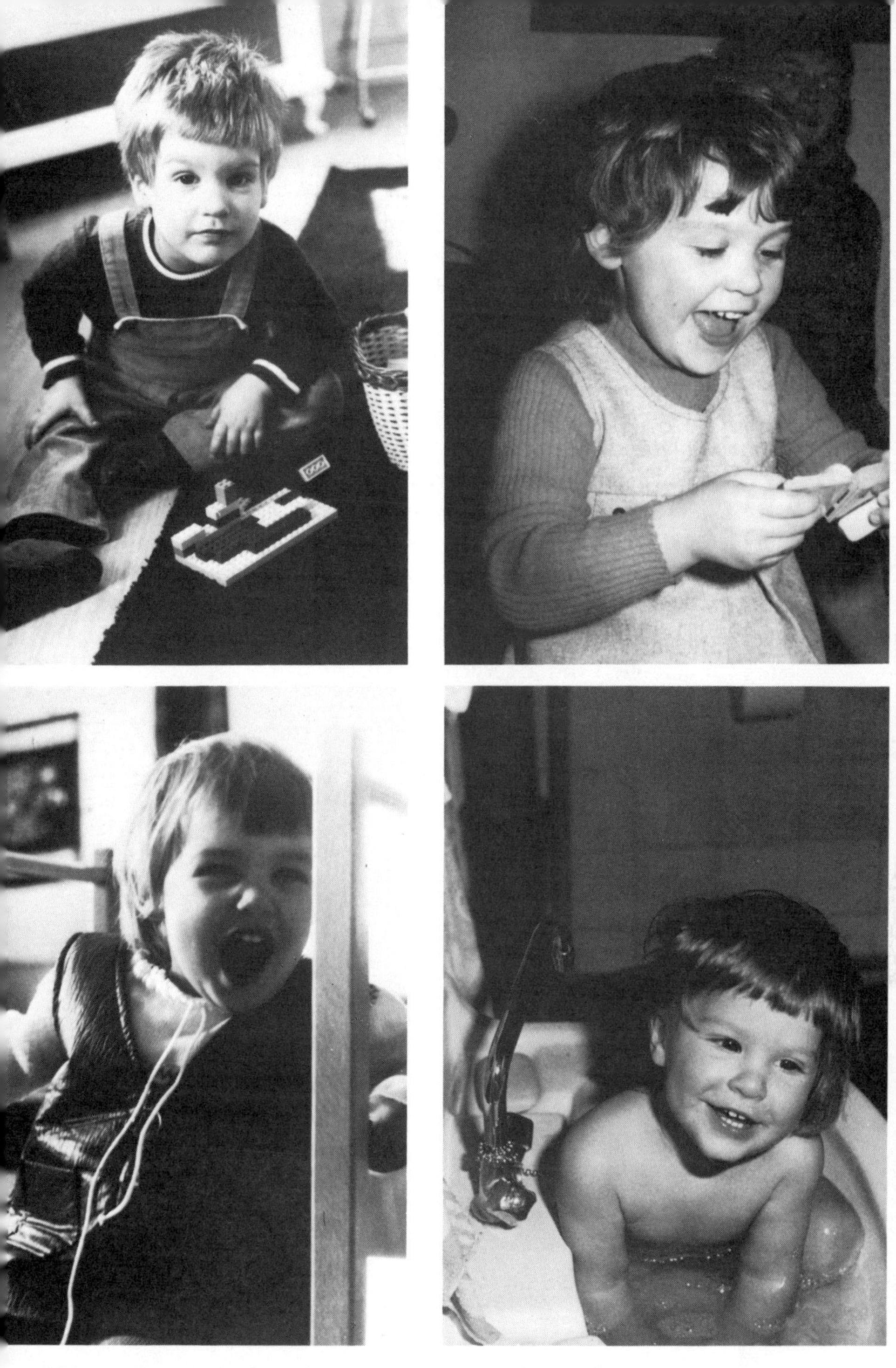

Meine größten Geschenke sind unsere Kinder

Obere Reihe: Markus und Damaris
Untere Reihe: Esther und Miriam

jedes Kind liebevoll betrachtet. Wie verschieden sind sie! Jedes hat die gleichen genetischen Voraussetzungen und ist doch eine Persönlichkeit für sich. Jedes meiner Kinder ist etwas ganz Besonderes für mich. Wenn ich früher hörte, daß in einer großen Familie ein Kind gestorben war, so bewegte mich das weit weniger, als wenn einem Elternpaar das einzige Kind durch den Tod genommen wurde. Heute weiß ich, daß meine Vorstellung ganz falsch war. Jedes Kind ist eine einzigartige Persönlichkeit, ist nicht wiederholbar und im Grunde nicht ersetzbar. So liebe ich auch jedes meiner Kinder, als hätte ich nur dies eine. Kaiserin Maria Theresia hat einmal gesagt, die Liebe einer Mutter teile sich nicht, sondern vervielfältige sich. Genauso empfinde auch ich: Meine Liebe gilt nicht anteilmäßig jedem unserer vier Schlingel, sondern jedes Kind hat mich als Mutter ganz. Es ist wichtig für jeden Menschen, zu wissen, daß er einmalig und nicht austauschbar ist. So liebt mich Gott ja auch nicht als Teil einer unüberschaubaren Masse, sondern als Individuum. Jesus starb für mich, als hätte nur ich es nötig, so, als liebte er nur mich. Jetzt kann ich das erst begreifen. Durch die Kinder habe ich wieder eine wundervolle Lektion lernen dürfen.

11 *Ein Blick in den Spiegel*

8. März

In dem Kalender »Frau und Mutter« habe ich ein Wort von François Lombardi gefunden. Er sagt: »Nur ein Tor kann behaupten, er entdecke keinen Sinn in dem, was er vom Kind erfährt.«
So ergeht es mir mit unseren Kindern. Jedes von ihnen hält mir einen Spiegel vor, und ich erkenne, wer ich eigentlich bin. Ich lerne meine Grenzen kennen, meine Reaktionen – aber ich entdecke auch immer neue Gaben und Fähigkeiten. Mit jedem Kind wird auch ein Stück mehr Geduld, ein größeres Maß an Kraft und ein Mehr an Liebe in mir geboren.
Sooft mir meine Grenzen bewußt werden, bringt mich das wieder in die Abhängigkeit von Gott. Seine Kraft ist unerschöpflich. Er vermag zu geben, selbst dann, wenn meine Kraft am Ende ist.
Meine Reaktionen zeigen mir, wozu ich noch fähig bin. Oft erkenne ich Versagen in meinem Handeln, und das, was ich tue, steht im Gegensatz zu meinem Wollen. Gerade das nimmt mir die Überheblichkeit und gibt mir die Kraft, an mir zu arbeiten. Zwar wird mir die Geduld nicht in den Schoß gelegt, aber ich empfange die Voraussetzungen, um Geduld zu lernen. So ist alles Versagen begleitet von dem positiven Erlebnis des Lernendürfens und des Gelingens.
Jedes meiner Kinder gibt mir die Möglichkeit, Erfahrungen mit mir selbst zu sammeln. Das ist kostbarer als Juwelen, denn es verändert mich zum Guten hin.

5. Mai

Sterben und Geborenwerden in der Natur nehmen ihren Lauf. Wir sehen das als natürlichen Kreislauf an, der notwendig ist, um das Leben zu erneuern. Das frische, leuchtende Grün der jungen Buchen, die kleinen gelben Sonnen des Löwenzahns im aufgeschossenen Gras, die wärmenden Sonnenstrahlen und der kühle Wind, dazu der fast ununterbrochene fröhliche Ruf des Kuckucks – dies alles läßt etwas erahnen von der Freude, an der Schöpfung teilzuhaben. Wenn es anfängt zu dämmern, wird das Gras feucht, und die Luft ist erfüllt von Gezwitscher, von Singen und Lärmen. Mensch und Tier drücken ihre Lebensfreude aus. Diese Harmonie, diese Leuchtkraft, diese Wärme sind wie ein Stück Ewigkeit. Mir fällt da etwas aus dem Alten Testament ein: »... dann werden wir sein wie die Träumenden. Dann wird unser Mund voll Lachens und unsere Zunge voll Rühmens sein« (Psalm 126, 1 u. 2).

20. Juni

Da sind sie meine drei lebhaften »Damen« und mein Lausbub. Miriam, unsere Jüngste, wird in 5 Tagen zwei Jahre alt. Alle vier krabbeln über mich, schwätzen ununterbrochen auf mich ein, fragen, als wollten sie alles ergründen, und können mein Ruhebedürfnis nicht begreifen. Es ist früh am Morgen. Ich liege im Bett. Die Kinder haben ihre kleinen, warmen Schlafhöhlen verlassen, um sich an mich zu schmiegen, den kleinen Kopf an mich zu legen. Die Fingerchen gleiten über mein Gesicht, vorsichtig, liebevoll. Ich möchte jauchzen wie ein Kind über solches Glück. Da liegen sie neben mir, auf mir, jedes darauf bedacht, mir möglichst nahe zu sein. Wer ist so begehrt wie ich? Ich küsse sie nacheinander, nehme sie in meine Arme, lache – so lange, bis die Eifersucht in ihnen erwacht. Jeder meint, zu kurz zu kommen, und der große Streit beginnt, der mit Kissenschlacht und Purzelbäumen und schließlich mit dem Aufstehen endet.
Laßt, ihr Wohlstandsmenschen, euch nur wecken von eurem programmierten Wecker, schlaft euch aus in euren piekfeinen, sauberen Betten. Ihr verschlaft die ganze Köstlichkeit eines erfüllten, reichen Lebens. Ihr beraubt euch selbst des Himmels auf Erden, der es wert ist, daß man alle Strapazen, Nöte und Sorgen auf sich nimmt. Bedauert mich, ihr Unwissenden, um meiner Arbeit willen, ich will euch um eures Verlustes willen bemitleiden!

15. August

Sonntag. Eigentlich war ich ins Kinderzimmer gegangen, um zum Essen zu rufen. Aber an der Tür blieb ich stehen, im Inneren ange-

... gelöst und ausgeglichen mit unseren Kindern

rührt von der Harmonie, die mir entgegenstrahlte, von der Glückseligkeit des Moments, in dem vier Paar Kinderaugen an Hans-Joachims Händen hingen, während er versuchte, die Streben der zerbrochenen Tafel zu leimen. Dieser Ausdruck von Hoffnung, daß alles wieder gut wird, diese Gewißheit, daß Vater es schafft, dieser Stolz, ihn zu haben, dieses Glück, ernstgenommen zu werden – es muß erlebt werden, sonst kann man es nicht voll begreifen.
Selten sehe ich meinen Mann so gelöst und ausgeglichen wie in den Stunden, in denen er sich mit unseren Kindern beschäftigt. Ich liebe es, als stiller Lauscher an der Tür zu stehen; in solchen Augenblikken lerne ich ihn besser kennen und noch mehr lieben.

29. Oktober

Ein anstrengendes Wochenende liegt hinter uns. Wir hatten ein Ehepaar zu Besuch, das viele Fragen und Probleme hatte. Erschöpft und glücklich denke ich über Auswege und Lösungen nach, die wir im Gespräch gemeinsam gefunden haben.
Noch nie waren wir als Seelsorger und Ratgeber so »heiß« begehrt wie von dem Augenblick an, als Gott anfing, uns Kinder zu schenken. Und so stelle ich bei jedem weiteren Kind fest, daß es neue Fähigkeiten in uns weckt, besonders die Gabe des Einfühlens in die Situation eines anderen. Es gibt manche Fragen, für die wir keine Lösung wissen. Aber auch nach solchen Begegnungen erhalten wir dankbare Briefe. Warum? Vielleicht durften wir etwas an Geborgenheit schenken – Mangelware in unserer Zeit.
Unsere Kinder haben uns fähig gemacht, Liebe zu zeigen, Geborgenheit sichtbar zu machen, weil sie selbst uns ihre Kindlichkeit und Direktheit Tag für Tag vorleben.

2. Februar

Mit jedem Kind wächst mein Selbstbewußtsein. Achtete ich früher ängstlich darauf, wie die Menschen reagierten, wenn ich mit unseren drei Kindern einkaufen ging, so bin ich im Gegensatz dazu heute mit unseren Vieren durch die Stadt gegangen im Bewußtsein eines großen Reichtums. Ich war stolz darauf und kam mir wohlhabend vor. Man behandelt ja schließlich einen Arbeiter anders als einen Millionär; und wieviel kostbarer sind meine Kinder als Millionen!

Ob die Menschen etwas von dieser Wandlung in mir wahrnehmen? Gerade heute hatte ich zwei positive Erlebnisse: Eine elegant gekleidete Dame sprach mich auf der Straße höflich an: »Bitte verzeihen Sie, daß ich Sie einfach so anspreche, aber sind das Ihre Kinder?« Ich bejahte. Darauf erwiderte sie: »Sie sehen so glücklich mit ihnen aus. Heute tut es mir leid, daß ich nur zwei Kinder habe. Ich war einfach zu bequem. Nun ist es zu spät. Ich freue mich, daß Sie diese Freude erleben dürfen.«
Auf dem Parkplatz hielt ein Mercedes an, als wir zum Weiterfahren einstiegen. Der Mann stieg aus, lächelte freundlich und meinte, indem er auf unsere Kinder wies: »Ich habe auch vier von der Sorte – großartig, nicht wahr?«

12 *Für die Zukunft investieren*

10. Februar

Jeder Mensch ist eine Investition in die Zukunft, die höchste Gewinne bringen kann. Wie dankbar bin ich für solche »Investitionen«, die mein Leben geprägt und positiv verändert haben und die mir neue Perspektiven auftaten. Zu den Menschen, die mir viel bedeuten, gehört Ingrid Trobisch. Bald hat sie Geburtstag. Ich schrieb ihr diesen Brief:
»Sei ganz froh umarmt zu diesem neuen Erinnerungstag an Deine Geburt, an Dein Dasein. Wie glücklich bin ich, daß Deine Eltern heirateten, um Dich als Geschenk zu erhalten, wie dankbar, daß sie nicht aus Egoismus ohne Kinder bleiben wollten. Denn wären sie nicht, so wärest auch Du nicht, und die Menschheit wäre um ein kostbares Gut ärmer, um einen »Luxusartikel«, den auch die Reichen nicht kaufen können und der doch dringend überall gebraucht wird: einen Menschen, dessen Ausstrahlungskraft an Liebe und Verstehen viele Hilflose, Gestrandete erreicht und neu hoffen läßt – dessen Einfühlungsvermögen auch Überhebliche zum Nachdenken bringt – und nicht zuletzt die Dummen zum Spott reizt. Geh tapfer Deinen Weg weiter. Wir, ich spreche im Namen aller, denen Du Wegweiser wurdest, sind so dankbar für Dich.«

16. März

Vor einem Vierteljahr ist Markus sieben Jahre alt geworden. Zusammen mit Esther geht er zur Schule, die beiden große Freude bereitet. Damaris geht mit ihren vier Jahren in den Kindergarten. Sie wartet sehnsüchtig auf Miriams dritten Geburtstag. Dann wird unsere Jüngste sie begleiten.
Nun ist unser fünftes Kindlein unterwegs. Wir alle freuen uns sehr darauf. Markus und auch die Mädchen können es kaum erwarten, bis das Kleine kommt, und es sind doch noch fast fünf Monate bis

zur Geburt. Mit ihren Händen fühlen die Kinder die Bewegungen in mir und möchten unbedingt wissen, ob es ein Junge oder ein Mädchen sein wird. Die Wünsche, ob es ein Bruder oder eine Schwester werden soll, sind recht geteilt. Alle vier Kinder aber sammeln Spielzeug und suchen nach Namen, die ihnen gefallen. Es ist eine richtig schöne Zeit der Vorbereitung, in der so viele Menschen sich täglich mit mir freuen. Das kleine Ungeborene gehört schon so ganz zu uns. Ingrid Trobisch erzählte mir vom Gebet ihrer Mutter, die Gott um fünf weitere Kinder bat, nachdem sie schon fünf Kindern das Leben geschenkt hatte. Ich kann diese Frau plötzlich verstehen, und ich bewundere sie, die über ihren eigenen Horizont hinwegschaute, weil sie etwas von »Investition« verstand und genug Gottvertrauen hatte, um zu wissen, wer auf ihrer Seite steht. Ich habe diesen Mut nicht, vielleicht noch nicht, schon zum nächsten Kind zu schauen. Jedes weitere ist für mich ein Schritt ins Ungewisse, in ein fremdes Land. Doch sind wir, Hans-Joachim und ich, bereit, wieder einen Schritt weiterzugehen, zu seiner Zeit. Wir sind bereit, offen zu bleiben und beweglich zu sein, um die Frage nach dem Kind nicht als erledigtes Kapitel beiseite zu legen, als Kapitel, das uns lästig ist. Zu viel wurde uns geschenkt, als wir Sicherheit und Bequemlichkeit aufgaben. Wir wollen Kinder und brauchen Kinder um ihrer selbst und um unseretwillen.
Gottfried Keller sagt: »An manch einem Paradiesgärtchen geht der Mensch gleichgültig vorüber und wird erst traurig, wenn er es verschlossen findet.«
Unsere Möglichkeit, Kinder zu haben, ist solch ein Paradiesgärtchen, an dem viele gleichgültig vorübergehen – und dem viele erst nachtrauern, wenn die Tür sich geschlossen hat.

15. Mai

Es ist kurz nach vier Uhr morgens. Meine Kleinen liegen ruhig im Bett. Die Münder stehen still. Die vier Schläfer träumen in den neuen Tag hinein. Ich bin aufgestanden und habe mich ans Fenster gesetzt. Ein leichter Dunst liegt über den Wäldern. Es ist unbeschreiblich schön.
Wie veränderlich ist unser Leben! Nun erwarten wir unser fünftes Kind. Ich spüre, daß ich in der Zeit der Schwangerschaft nicht die gleiche körperliche Kraft habe wie sonst. Vieles bleibt unerledigt.

Ich bin leichter müde, schneller erschöpft, öfter nervös, mehr nach innen gekehrt.
Dinge gewinnen an Tiefe, die mich voher kaum bewegten. Mit jedem neuen Werden von Leben in mir werde ich selbst immer wieder umgewandelt, erneuert, verändert. Daß ich hier sitze und in den neuen Tag hineinschreibe, ist für mich ein Erlebnis, das bis jetzt nie möglich war. Wie zerschlagen liege ich sonst in dieser Phase der Schwangerschaft zu so früher Stunde noch im Bett, sehnlichst wünschend, daß es nicht so schnell Tag werden möge!
Ich habe gelernt, auf meinen Körper einzugehen, und weiß um seine Ruhebedürftigkeit. Die Überforderung darf nicht immer wieder bis zum Äußersten gehen. Nach Tagen besonderer Anstrengung durch Gespräche und Besuch müssen Ruhepausen folgen, in denen ich ausspannen darf. So lerne ich in jeder Schwangerschaft Neues hinzu. Eigentlich wußte ich erst bei der dritten Schwangerschaft so recht, wie ich mit mir umgehen muß – und ab dem vierten Kind begannen dann all die Aktivitäten und Hobbies, die mir jetzt so viel Freude bereiten.
In jeder dieser besonderen Zeiten meines Lebens, in jeder Schwangerschaft, wurde ich ein Stück mehr eingeweiht in die Schönheiten des Lebens. Ich lernte, das Leben besser zu meistern und mich daran zu freuen. In jeder Schwangerschaft empfange ich mehr Kraft. Es ist keinesfalls nur körperliche Kraft, die mir in besonderem Maße zufließt, sondern vor allem innerer Antrieb, der zu einer großen Schaffensfreude führt, zum Wirken an etwas, das Ziel und Sinn hat. – Nicht immer stehe ich darüber. Doch ich weiß besser, wie ich bestimmte Situationen meistern kann. Heute bedrückte mich das Durcheinander um mich herum besonders – und dieser Zustand lähmte mich, irgendwo anzufangen. So setzte ich mich in die Mitte der Küche auf einen Stuhl, bemalte einen Kleiderbügel und ging dann fröhlich an meine leidige Arbeit.

28. Mai

Die gegenüberliegende Wohnung im Haus ist leer geworden. Der Hausbesitzer hat uns erlaubt, einen Wanddurchbruch zu machen. Nun haben wir drei Zimmer mehr. Markus genießt sein eigenes Reich, die Mädchen freuen sich über die neuen Möglichkeiten, und wir haben wieder ein richtiges Schlafzimmer. Doch wegen der starken Mietbelastung müssen wir uns in anderen Dingen einschränken. Meine Leidenschaft für schöne alte Möbel wird wohl noch weiter ungestillt bleiben. Doch dafür haben wir draußen die herrliche Natur, durch die Fenster lebendige Wälder als Ölgemälde – und hier drinnen eine glückliche Familie.

18. Juni

Einige wenige Menschen hier in unserem kleinen Ort zeigen mir ihre ungeteilte Freude darüber, daß wir ein Kind erwarten. Die Begegnung mit ihnen ist mir jedesmal wertvoll:
Da ist Frau Lambert, eine ältere Frau. Sie hat selbst fünf Kinder und freute sich über jedes einzelne, als wäre es ihr erstes. Mich bewegt ihr Vertrauen, daß sie mir ihr Tagebuch gab. Mit ihrem Einverständnis darf ich einiges daraus weitergeben:
»Nach zwei Mädchen folgten zwei Buben. Nun hatten wir zwei Pärchen, und es war trotz der Arbeit so schön, daß die Menschen, die uns als rückständig und unmodern betrachteten, neidisch geworden wären, hätten sie um unser stilles Glück gewußt. – Als unser fünftes Kindlein zu wachsen begann, musterten mich die zwei großen Kinderaugen unserer Großen. Sie hingen wie Fragezeichen an mir, bis Fernande mich eines Tages fragte: ›Mutter, wo kommen denn die kleinen Kinder her?‹«
Mit welcher Freude und Selbstverständlichkeit unsere Kinder inzwischen ein weiteres Geschwisterchen entgegennehmen, ist beglückend. Esther ist jetzt sieben Jahre alt. Sie liegt neben mir auf dem Boden und baut einen Zoo. Gerade sagte sie zu mir: »Du wünschst dir doch einen Buben?« – »Ja; aber nicht, weil es schöner ist, sondern weil wir nun schon drei Mädchen haben.« – »Danach wollen wir dann aber noch einen Bruder, denn dann sind wir gleich«, war ihre spontane Antwort.
Zu den oben erwähnten Menschen gehört auch Frau Roth. »Wenn Ihr Kleines da ist, werden Sie oft Besuch von mir haben. Ich beneide Sie um das kleine Wesen, das in Ihnen wächst, um die Freude, es aufwachsen zu sehen, um seine unbeholfenen Hände, die Sie führen dürfen, um den Mund, den Sie sprechen lehren dürfen.«
Ist es nicht unser tiefster Wunsch als Frau, Mutter sein zu dürfen? Liegt er nicht vielleicht in jeder Frau, nur bei vielen verschüttet, unter dem Schutt von Vorurteilen, negativen Erlebnissen, falschen Erwartungen und dummem Gerede? Sitzt die Hoffnung auf Erfül-

lung nicht ganz tief in jedem Menschen? Wie nah und greifbar ist sie für die Frau – und ruht doch oft ein ganzes Leben ungenutzt.
Ein weiterer wertvoller Mensch ist Frau Bastian, die Hebamme, die jetzt schon im Ruhestand ist. Für sie sind Kinder immer noch ein Wunder Gottes. Ist sie altmodisch? Keineswegs. Sie weiß noch etwas von dem Zusammenhang zwischen Kind und Freude, zwischen Kind und Erfüllung, zwischen Kind und Reichtum. Und ihre Anteilnahme an unserem Kindersegen ist beglückend.
Diesen wenigen positiven Aussagen stehen viele negative gegenüber. Besonders traf mich die abfällige Äußerung eines Zehnjährigen: »Die will wohl allein die Welt bevölkern und dafür sorgen, daß wir nicht aussterben.« Er wußte wohl nicht, was er sagte. Und doch klang hier schon die Prägung durch seine Eltern an. Schwang in seiner Aussage nicht auch sein Urteil über sich selbst, »auch ich bin im Grunde nicht gewollt«?
Aber gerade solche nicht gewollten Kinder werden oft zum Sonnenschein für die ganze Familie. Vielen Frauen bin ich begegnet, die heute von Herzen dankbar sind, daß eine Abtreibung »schief« gegangen war und das Kind trotzdem zur Welt kam; und anderen, die sich froh darüber äußern, daß gerade das ungeplante Kind für sie zum besonderen Segen wurde. Tief beeindruckt hat mich eine Frau, die Gott in ihrem Gebet um Vergebung anflehte, weil sie ihren Mann nach der Empfängnis des Kindes ständig beschimpft hatte und ihm jahrelang nicht vergeben konnte. »Ich bin tief beschämt darüber«, äußerte sie sich, »denn gerade dieses Kind bereitet mir heute so viel Freude und hängt, obwohl es nun schon erwachsen ist, mit besonderer Liebe an mir.«
Auch Jesus war im Grunde solch ein ungeplantes, von fast allen ungewolltes Kind. Dies wird ausgezeichnet dargestellt in dem Buch von Walter Trobisch, »Liebe dich selbst« (R. Brockhaus Verlag): Ein Schandfleck für die Verwandtschaft, ein Rätsel für den Mann, der Vaterstelle annehmen sollte, eine Glaubensprobe für eine unberührte Frau. Und doch war es gerade Jesus, der uns die Erlösung, das Heil der Welt brachte.
Wir sind gewollt, auch wenn wir ungewollt sind. Gott hat uns gewollt. Er selbst hat uns erschaffen als sein Gegenüber, aus Liebe zu uns. Seine Liebe übersteigt die Scherben unserer Möglichkeiten. Er will ein brauchbares Gefäß aus uns machen, aus dem andere Kraft schöpfen können.

15. Juli

Es ist drückend heiß. Kaum halten wir es in der Wohnung aus. Durch die Schwangerschaft empfinde ich die Hitze als besonders belastend. So sind wir alle miteinander zum Baden gegangen. Als wir aus dem Auto stiegen, begegneten uns mitleidige Blicke, offene Mißbilligung und Gelächter. Der Spott der anderen sitzt immer noch in mir. Ich mußte mich beherrschen, um ihnen nicht die Zunge herauszustrecken. Wie froh war ich, daß Hans-Joachim bei mir war! – Und jetzt sitze ich da und denke darüber nach, was diese Menschen dazu veranlaßte, so zu reagieren: ihre eigene Enttäuschung über das Leben, ihr eigenes Nicht-Angenommensein von ihren Eltern, ihr Verlangen nach Leben, dessen sie sich offensichtlich durch eigene Dummheit, Rückständigkeit oder Gleichgültigkeit beraubt haben; ihre vermeintliche Freiheit, die sie dadurch proklamierten – obwohl sie nur ein Zerrbild von Freiheit kannten? Ich fange an, sie von Herzen zu bedauern – sie, die vorhin meinen Zorn heraufbeschworen haben. Weder Leben noch Freiheit, weder Verantwortung noch Freude kennen sie wirklich. Sie begnügen sich mit der Oberfläche ihres Daseins und wissen nichts von Erfüllung. – Was macht unsere Zeit so seelenlos, so überheblich? Ich glaube, es ist die Einstellung zum Kind, das man meint, übergehen zu können, das man als unwichtig abtut. Kinder werden als störende Randfiguren höchstens geduldet. Aber gerade sie kennzeichnen ein Volk. Wir sind ein kinderarmes Volk geworden. Und diese Armut prägt alle Lebensbereiche, am meisten wohl das Verhältnis von Mensch zu Mensch, das abgestumpft und vielfach gleichgültig geworden ist. Die Bindungen zwischen den meisten Menschen sind wie Bäume, die keine Wurzeln haben – wie Schiffe in seichtem Wasser. Ehe und Familie scheinen Gefängnisse zu sein, die uns einkerkern und uns die Freiheit rauben – und doch wachsen gerade in diesen »Mauern« die Wurzeln, die die Freiheit tragen können!

Wohl fordern Kinder Zeit, Kraft, Geld und Nerven – und wir meinen, keine Zeit zu haben, keine Kraft mehr in diesem gehetzten Leben, keine Nerven für einen kleinen Schreier, ungeduldigen Frager und endlosen Krachmacher. Wir finden keine Ruhe, oft nicht einmal nachts. Sind Kinder wirklich trotzdem ein Geschenk?

Ich muß an die erste Zeit meines Weges mit Jesus denken. Bevor ich ihm mein Ja gegeben hatte, war da die Angst vor dem Verlust meines bislang gelebten Lebens – die Furcht, wie dieser oder jener »verknöcherte« Christ zu werden. Doch dann, nach meiner ganzen Hingabe und Entscheidung für Christus, – welche nie gekannte Freude wurde mir geschenkt, welche Möglichkeiten taten sich auf! Ich, die ich Angst vor dem Verzicht gehabt hatte, erfuhr Leben und volle Genüge. Ähnlich geht es mir jetzt mit unseren Kindern, seit ich bereit bin, Gott mehr zu glauben als meinen eigenen, »logisch« klingenden Argumenten. Wer im Gehorsam lebt, erfährt die Kraft, die hinter Gottes Wort steht.

29. Juli

Da bewegst du dich in mir, bist ganz du und bist doch auch ganz ich. Mein liebes kleines Menschenkind! Ganz still liege ich da und staune über deine Lebenskundgebungen. Ich fühle deine kleinen Hände und Füße in ihrer Bewegung und bin unendlich glücklich, daß ich dich so ganz schützen darf in dieser weichen, warmen Höhle meines Körpers, fern von dem Streit und der Ungeborgenheit der Welt, fern von Problemen und Schmerzen. Nun bist du eingeschlafen – oder träumst du nur vor dich hin? Du hörst den Rhythmus meines schlagenden Herzens, Tag und Nacht, Nacht und Tag. Er gehört in dein Leben, gehört zu dir. Eines Tages wird er schweigen, wenn du hinausgestoßen wirst in eine Welt, die du nicht verstehen kannst. Aber ich will dir auch dann noch eine Heimat geben, dich bergen; ganz nah will ich dich an mich drücken, dein Ohr an mein Herz drücken, damit du weißt, daß ich noch da bin, daß ich dich liebe, daß der Schlag meines Herzens dir immer noch gilt, ungeteilt für dich da ist. Du gehörst zu mir, und ich gehöre zu dir. – Und wenn du einst ausfliegen wirst, du kleiner Vogel, dann bleibt doch ein Nest zurück, das immer für dich gewärmt ist.

13 *Alle Sorge werfet auf ihn!*

8. August

Trotz allem guten, frohen Erleben gehe ich jetzt, wenige Wochen vor der Geburt, durch starke Stimmungsschwankungen.
Heute bin ich in einem ziemlichen Tief. In fünf Wochen erwarten wir unser Kleines. Ich fühle mich so unfähig zur Geburt: zeitweise befällt mich Angst, Angst vor Versagen, Angst auch vor dem Tod. Wer würde unsere vier lebhaften Kinder nehmen, sollte ich nicht mehr nach Hause kommen? Wird unser Kind gesund sein? Ich komme mir alleingelassen vor in meinen Gedanken, möchte sie verdrängen und bringe es doch nicht fertig. Diese negativen Vorstellungen verfolgen mich und nehmen mir die Freude an der Arbeit. Wie eine heimtückische Krankheit lähmen sie meine Glieder. Ich möchte mich selber schelten, weil ich mich so gefangen nehmen lasse. Und doch – Leben und Tod, wie nah sind sie zusammengerückt! Eigentlich müssen wir jeden Tag bereit sein. Wir sind ja für die Ewigkeit gemacht. – Ja, mein Leben ist lebenswert, weil es auf die Ewigkeit bezogen ist. Mein Kind erinnert mich daran. Das Leben ist nicht mehr oberflächlich. Zwar nimmt mir das, was geschieht, manchmal den Atem, und Angst macht mich beklommen. Aber ich entdecke viel mehr die Tiefen des Daseins und ihre Schönheiten. Freude ist mit Verzicht verbunden. Freude wird bezahlt mit dem Aufgeben des Kreisens um mich selbst. Mein Kind will geboren werden. Es reißt sich los von mir. Dann müssen wir beide uns neu finden. Das alles tut weh. Aber indem wir uns trennen, werden wir einander zum Gegenüber. Das ist kostbar. – Ich tauche aus der Tiefe empor und merke, daß ich reicher bin als vorher.
Der Lehrtext zur »Losung« der Herrnhuter Brüdergemeine heißt für heute: »Alle eure Sorgen werfet auf ihn, denn er sorgt für euch« (1. Petrus 5, 7). Das gilt mir – und meinen Lieben. Gott sorgt für uns! Langsam bricht Jubel in mir durch. Ich bin nicht allein in der Tiefe, nicht allein auf den Höhenwegen. Er sorgt... er trägt... er bringt uns hindurch.

10. August

Ein Buch hat meine Einstellung zur Geburt entscheidend beeinflußt. Unausgesprochene Gefühle scheinen da in Worte gefaßt, meine Empfindungen sind treffend ausgedrückt. Schon früher hatte ich »instinktiv« den Wunsch verspürt, mein Kind in einer mir vertrauten Umgebung zu bekommen, fern von blitzenden Instrumenten, von lauten Geräuschen und fremden Menschen. Da war immer eine Sehnsucht in mir, das Baby gleich nach der Geburt ganz nah bei mir zu haben, es sanft zu berühren, ihm meine Liebe zu zeigen. Erst jetzt wird mir bewußt, daß das Geburtserlebnis für das Kind etwas Furchtbares ist. Frederick Leboyer schreibt in seinem Buch »Der sanfte Weg ins Leben« (Desch-Verlag, München): »Was bedeuten diese Schreie der Neugeborenen? – Daß die Reflexe normal sind? Daß die Maschine funktioniert? Drücken die Schreie nicht Leiden aus? Wenn das Baby so brüllt, widerfährt ihm da nicht vielleicht ein ungeheueres Unheil?

Braucht man da Kommentare? Diese tragische Stirn, diese geschlossenen Augen, dieser brüllende Mund, dieser Kopf, der nach hinten rutscht und einem entwischen will...

Diese ausgestreckten Hände, die betteln und flehen, dann aber in einer Unglücksgebärde zum Kopf geführt werden...

Es spricht nicht, das Neugeborene?

Sein ganzes Wesen schreit, sein ganzer Körper brüllt: ›Faßt mich nicht an! Faßt mich nicht an!‹

Und gleichzeitig bettelt, ja fleht es: ›Verlaßt mich nicht! Helft mir doch! Helft mir!‹« (Seite 10 u. 12) Aber Frederick Leboyer zeigt nicht nur den Schmerz dieses kleinen Wesens. Er spricht auch vom Ausweg. Seine Bemühungen, die Geburt zu erleichtern, gelten nicht nur der Mutter, sondern in besonderem Maße dem Neugeborenen. Durch behutsames Anfassen, durch eine geräuscharme Umgebung, durch das Auspulsierenlassen der Nabelschnur will er dem Kind die Chance geben, daß seine ersten Lebenskundgebungen nicht die verzweifelten Äußerungen eines nach Luft ringenden Geschöpfes sein müssen. Leboyers Ziel ist es, das Kind ganz langsam in die ihm neue Welt von Schwere, Licht und fremden Lauten treten zu lassen. Und der erste Atemzug soll nicht im Ringen nach Sauerstoff den verzweifelten Kampf des Kindes widerspiegeln. Die auspulsierende Nabelschnur ermöglicht einen spielerischen Übergang.

Die ersten Erfahrungen und Eindrücke, die das Kind in dieser Welt erlebt, prägen es ja bereits für sein Leben...
Dieses Buch hat mich verändert. Wir haben neue Ziele für diese Geburt: Wir wollen einen Arzt finden, der uns Gehör schenkt.

12. August

Ich war zu einer weiteren Schwangerschaftsuntersuchung beim Arzt. Als ich wieder nach Hause kam, stürmten Damaris und Miriam schon zur Tür und riefen: »Mami, Mami, wo ist unser Baby?« Sie meinen, wenn ich beim Arzt war, müsse auch das Kind schon da sein. –
Immer wieder erkläre ich ihnen die Geburt. Sie können nicht genug davon hören. Auch wie das damals bei ihnen war, wollen sie immer wieder wissen. Auf ganz natürliche Weise erkennen sie Zusammenhänge. So hat Miriam, inzwischen drei Jahre alt, mir heute »Aufklärungsunterricht« erteilt. Sie gab ihre Eindrücke in einer kindlich frohen Weise wieder und schloß seufzend: »Sade (Schade), daß man noch nicht reinschaun kann.«

13. August

Ich habe Hans-Joachim zum Essen gerufen. Aber er ist nicht gekommen. So bin ich in sein Studierzimmer ins obere Stockwerk gegangen, um nach ihm zu sehen. Und wo fand ich ihn? In seinem Sessel, tief »vergraben« in ein Lehrbuch über Geburtshilfe. Er war so vertieft, daß er mich kaum kommen hörte. – Und nun hat ein großer Wunsch in uns Raum gewonnen: Daß ich diese Geburt zu Hause erleben darf. Ich kann mir alles lebhaft vorstellen: Ha-Jo an meiner Seite oder gar als Helfer des Arztes oder der Hebamme – unser neugeborenes Kindlein im Zimmer, ganz nah bei uns – die Freude unserer anderen Kinder.

14. August

Unser Hausarzt ist nicht einverstanden. Er macht uns auf die Risiken aufmerksam. Doch ich werde ihn freundlich »bearbeiten«, bei jeder weiteren Schwangerschaftsuntersuchung. Noch habe ich die Hoffnung nicht aufgegeben.

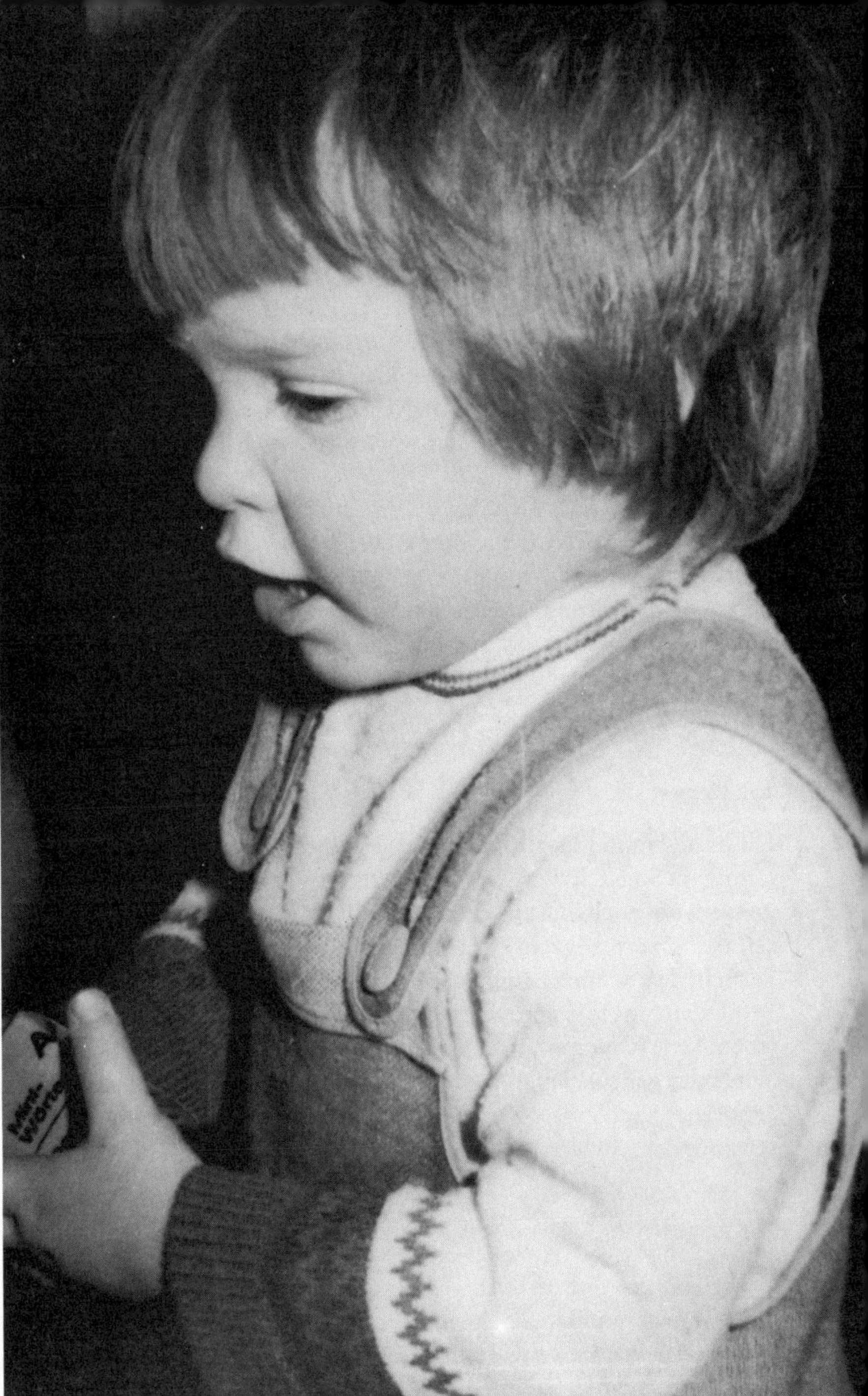

Miriam
»Mami, Mami, wo ist unser Baby?«

20. August

Unser »Geburtszimmer« nimmt Gestalt an. Das Bett, Tücher, Dekken und Schüsseln sind bereit. Nur unser Kleinstes fehlt noch. Ich bin voller Vorfreude.

30. August

Seit heute weiß ich, daß unser Kind wahrscheinlich in Steißlage zur Welt kommen wird. Die Ultraschalluntersuchung hat dies ergeben. Nun werden wir wegen des Risikos für das Kind doch in die Klinik gehen müssen. Ich bin recht bedrückt. Wie sehr hatte ich mich darauf gefreut, mein Kind von den ersten Tagen an ganz nah bei mir zu haben, in diesen ersten Momenten ihm Heimat und Geborgenheit zu schenken! Nun ist dieser Plan zunichte geworden. Hans-Joachim tröstet mich damit, daß er in jedem Fall während der Geburt bei mir sein wird.
Wir haben in Dr. Centner einen verständnisvollen Arzt gefunden. Auf die Bitte, daß mein Mann bei der Geburt dabei sein könne, sagte er etwa folgendes: »Ich war bei der Geburt meiner sechs Kinder anwesend; warum sollte ich es da anderen Männern verwehren, gerade in diesen Stunden bei ihrer Frau zu sein?«

1. September

Der Stubenwagen mit dem Deckbettchen leidet unter Überfüllung. Seit er in der Wohnung ist, schleppen die Kinder täglich ihr schönstes Spielzeug für das neue Geschwisterchen herbei, das in wenigen Tagen kommen wird.

3. September

Wieder hat Gott für uns gesorgt. Margit hat ihre Schulzeit beendet und möchte etwas Praktisches leisten, bevor sie ihre Ausbildung als Erzieherin beginnt. So wird uns für ein Jahr eine liebe große Tochter geschenkt. Wir leben als frohe Familie zusammen. Besonders dankbar bin ich jetzt für sie, wo ich doch wieder im Krankenhaus entbinden soll.

5. September

Geburt von Ruben

In der Nacht von Samstag auf Sonntag hatte ich einen vorzeitigen Blasensprung, was bedeutet, daß das Fruchtwasser schon abging. Liegend wurde ich im Krankenwagen zur Klinik gebracht. Mein lieber Hans-Joachim fuhr mit, obwohl ich kaum Wehen hatte. Die Schwestern wollten Ha-Jo nach Hause schicken, denn der Zeitpunkt der Geburt war nicht abzusehen: doch er saß auf einem Stuhl neben meinem Bett und war bereit, die ganze Nacht bei mir auszuhalten. Immer wieder nickte er übermüdet ein. Ich konnte nicht schlafen. Die Wehen kamen jetzt in immer kürzeren Abständen. Aber sie schienen mir erträglich zu sein. Liebevoll betrachtete ich das Gesicht meines Mannes. Es war so schön, nicht allein zu sein. Ich wußte, daß ich ihn wecken durfte, ja sollte, wenn ich ihn brauchte. Ich fühlte mich sicher in seiner Nähe. Die Hebamme kam ins Zimmer, um mich zu untersuchen. Hans-Joachim fragte sie, wie lange es wohl noch mit der Geburt dauern würde. Fast war ich etwas ärgerlich, denn mir war, als sei an Geburt noch lange nicht zu denken. »Morgen früh werden Sie ihr Kind haben«, sagte sie zu meinem Erstaunen. Es war gegen zwei Uhr morgens. Trotz der kurzen Nachtruhe fühlte ich mich frisch. Gegen 3.40 Uhr schob man mich in den Kreißsaal. In mir spürte ich mein Kind, das bei jeder Wehe gedrückt und zusammengepreßt wurde. »Ganz weit will ich mich für dich machen«, sagte ich innerlich zu dem Kleinen, »damit du nicht so lange diesen Schmerz ertragen mußt«. Und gerade da fühlte ich ganz deutlich in mir, wie mein Kind durch den Beckenboden glitt. »Das Baby kommt«, sagte ich. Der Arzt fing an, sich die sterilen Handschuhe anzuziehen. Aber er hatte erst einen an, als schon der kleine Fuß und dann der Steiß von unserem Buben sichtbar wurde.

»Darf ich um etwas bitten? Wenn alles normal vor sich geht und das Kind gesund zu sein scheint, dann machen Sie doch bitte die grellen Lampen aus und lassen Sie nur eine schwache Beleuchtung. Und ich habe noch mehr Bitten: Würden Sie bitte die Nabelschnur auspulsieren lassen und mir mein Kleines, so wie es ist, auf meinen Bauch legen?« Mit einem Schmunzeln im Gesicht versprach er alles.

Die Geburt ging unwahrscheinlich schnell. Um 4.08 Uhr war unser Kind da. Die grellen Lampen wurden sofort ausgeschaltet, und im gedämpften Licht sah ich mein Baby. Nur ein oder zwei Schreie hörte ich von ihm. Dann lag es, ganz neu und unberührt, auf mir. Ich spürte seinen kleinen, warmen Körper, der neun Monate in mir gelebt hatte, auf meinem Leib. In mir leuchteten tausend Sonnen, deren Wärme ich kaum zu ertragen vermochte. Liebe durchflutete mich, für deren Maß mein Gefäß viel zu klein war. Immer noch hielt ich Hans-Joachims Hand. Nun legte er liebevoll seinen Arm um uns beide. Wir hatten während der Geburt nicht miteinander gesprochen. Eigentlich war mir während dieser letzten Phase seine Nähe nicht klar bewußt gewesen. Er war vielmehr wie ein Schutz um mich gewesen, der meinem kleinen Schmetterling mit zum Leben verhalf. In großer Glückseligkeit küßte ich meinen Mann.

Kurz vor der Geburt hatte mir Hans-Joachim aus der aufgeschlagenen Bibel vorgelesen: »Ich will, spricht der Herr, eine feurige Mauer umher sein und will mich herrlich darin erweisen« (Sacharja 2,9). Mein Mann war der, der sie für mich herabbetete. In dieser Mauer der Liebe fühlten wir uns sicher. Staunend haben wir neu etwas davon gelernt, was Gnade ist.

14 Perlen

7. September

Mein liebster Mann,
wenn ich Dich nicht hätte, bliebe der ganze Reichtum einer Geburt für mich wie ein verborgener Schatz. Nur erahnen könnte ich diese wundervollen Perlen, die nur der findet, der sich auf die Suche nach ihnen macht. Und ich habe mich auf die Suche gemacht, und jede, die ich fand, brachte mich zum Jauchzen über ihre Schönheit. Fünf Perlen habe ich gefunden, die in der Tiefe des Wassers und der Geborgenheit der Muschel ihrem Offenbarungstag entgegenreiften. Und heute war der große Tag, an dem wir unsere kleinste Perle zusammen zum ersten Mal im Licht sahen, befühlten und ihre Vollkommenheit bewunderten. Jede Perle weckt in mir das Verlangen nach einer weiteren. Es ist so aufregend! Keine ist gleich, und jede ist etwas Besonderes. Ob ich schon nach solchen Perlen »süchtig« bin? Schau dir die vorangegangenen an: Da ist unser kleiner Wirbelwind Miriam mit ihrem bezaubernden Charme und der nicht zu überbietenden Frechheit. Unsere liebe Damaris, die so gerne schenkt und Freude bereitet. Unsere schon große Esther, die ein so hübsches Persönchen ist. Unser Markus, ein richtiger Lausbub mit einer ganz feinen Seele. Und dann unsere jüngste, gerade heraufgetauchte Perle mit der Samthaut und dem schwarzen Flaum!
Ich habe Dir wiedergeschenkt am heutigen Tag, was Du mir aus Liebe in einer innigen Stunde gegeben hast. Neun Monate waren wir beide, Du und ich, in mir vereint. Nun ist ein Neues geboren: ganz neu, unberührt ist es in die Welt gekommen, um sich seinen Weg zu suchen. Und überall, wohin es geht, wird es etwas von unserer Einheit zeigen, gewollt oder ungewollt. Wir dürfen ihm helfen, den Weg zu finden, der durch Schmerz und Freude gehen wird. Durch Freude und Schmerz wird auch unser Weg weitergehen. Doch gehen wir ihn gemeinsam. Wir gehören zusammen. Du bist heute nacht mit mir in die Tiefe getaucht. Deine Hände hielten mich

fest. Welch eine Geborgenheit strömten sie aus! Und dann kam die Perle zum Vorschein, gerade dann, als sich die Tiefe ins Endlose verlieren wollte. Du warst da. Du hast die ersten Momente der Entdekkung mit mir erlebt, und wir haben uns über dem Fund innig geküßt, weil wir die Freude kaum zu ertragen vermochten.
Liebes, ich kann Dir nicht mit Worten sagen, wie glücklich ich bin, daß ich Dich haben darf. Ich will es Dich fühlen lassen, Tag für Tag, wie glücklich Du mich machst, Du liebster aller Männer!

Deine beschenkte Frau

9. September

Meine geliebte Frau,
vier Tage alt ist nun unser jüngstes Prachtexemplar, und ich bin so glücklich, daß wir unseren lieben Ruben haben. Am allerglücklichsten bin ich natürlich mit Dir!
Ich muß nochmals meine Hochachtung ausdrücken: Du warst wirklich großartig bei der Geburt unseres Jüngsten! Kein Schrei, keine Schmerzensäußerung, nicht einmal ein Stöhnen! Ich als jemand, der dabeisaß und nur passiv »gebären« konnte, bewunderte Deine königliche Haltung dem ganzen Geburtsgeschehen gegenüber. Nicht die Geburt prägte und beeinflußte *Dich*, sondern *Du* hattest alles in der Hand und beherrschtest steuernd die Geburt. Das ist wohl das Ziel, das eine gebärende Frau ereichen sollte; die Geburt ist dann nicht mehr etwas, das über sie kommt, das sie erleidet oder leidend erträgt, sondern sie steht darüber. Von ihrer inneren Erhabenheit her steuert sie den Geburtsvorgang und gibt ihm ein entsprechendes Gepräge. Du warst wirklich großartig!
Ich möchte Dir für dieses Erlebnis, das Du mir geschenkt hast, danken. Es hat mich tief beeindruckt. Ich grüße und küsse Dich in inniger Liebe,

Dein glücklicher Mann

26. September

Neun Monate hast du so in mir geschlummert, du kleines, wonniges Menschenkind. Nun liegst du neben mir im Bett, satt und zufrieden. Ich betrachte dein Gesichtchen mit der Stupsnase, den Augen und dem winzigen Mund.

Kaum konnte ich es die letzten Wochen erwarten, dich endlich in meinem Arm zu halten. Mein liebster, tiefster Kinderwunsch bist du. Damals hatte ich die Puppen im Arm und wünschte nichts sehnlicher, als daß sie lebendig seien. Da liegst du nun, du kleine, lebendige Puppe. Nur daß du noch schöner und goldiger bist als ein herrlicher Traum. Und du wächst, wirst weinen und lachen, sprechen und laufen – wirst schimpfen und dich freuen. Ich darf dich führen. Vor allem aber darf ich dich zuerst einmal stillen. Am liebsten würde ich das den ganzen Tag tun, in einem fort. Noch bist du wie ein Teil von mir. Wenn ich das Haus nur kurz verlasse oder dich ins Nebenzimmer schiebe, empfinde ich Schmerz darüber. Es ist, als seien wir immer noch *ein* Wesen, das nur existieren kann, wenn wir zusammen sind. Und in der Tat – es ist ja so. Du kannst ohne mich, nämlich meine Milch und Fürsorge, nicht sein – und ich kann nicht ohne dich sein, du mein kleines »Abpumpgerät«. Ich wüßte auch gar nicht, wohin mit all der überströmenden Liebe, die mein Herz unaufhörlich durchflutet, seit ich dich habe. Und es bleibt noch genug Liebe übrig für alle, die sie brauchen – für meinen Mann und für alle unsere anderen Kinder. Mit jedem Kind wächst ein starker Ast am Familienbaum, der uns bereichert, beschenkt und verbindet. Jeder Ast läßt uns wachsen und belebt die anderen Äste. Es bereitet mir jetzt schon seelische Schmerzen, wenn ich daran denke, daß du eines Tages laufen kannst. Vom Moment der Geburt an fängst du an, dich von mir zu trennen. Zuerst wird die Nabelschnur durchtrennt, die vorher lebensnotwendig war, dann brauchst du eines Tages meine Milch nicht mehr; bald stehst du alleine auf, wenn du gehen gelernt hast, und fragst nicht nach meiner Hand...Aber doch bleibst du bis ins hohe Alter mein Kind – und darüber bin ich unendlich froh.

5. November

Ich nehme teil an einer Tagung in Österreich. Eingeladen sind stillende Mütter mit ihren Kindern. Besonders freut mich die Offenheit, mit der über die Probleme gesprochen wird. Erfahrungen werden ausgetauscht. Viele Aussagen kommen mir bekannt vor; ich habe das gleiche erlebt und durchlitten. Wie dankbar bin ich für alle Erlebnisse, auch für die schmerzlichen! Sie haben mich mit mir selbst vertraut gemacht: Ich lerne mehr und mehr, mit meinen Grenzen, die ständig in Veränderung begriffen sind, zu leben. Meine Kinder führen mich immer wieder dahin. Aber diese Grenzen deprimieren mich nicht, sondern sie zeigen mir den Raum, in dem ich mich frei bewegen kann. Wenn ich sie kenne, brauche ich mich nicht mehr ständig an ihnen zu stoßen. Mein Ziel ist es nicht, ohne Grenzen zu sein: vielmehr möchte ich die Freiheit, die ich habe, nutzen. Meine Augen werden geöffnet für die Möglichkeiten innerhalb des Zauns. Das »Schielen« darüber hinweg macht mich nicht mehr neidisch, sondern dankbar. Vielleicht versäume ich den Traum des Ungebundenseins und eine Seereise um die Welt, das Möbel meiner Wahl und das Modellkleid aus dem Schaufenster. Aber ich trauere dem allem nicht nach, weil ich weiß, was ich stattdessen habe: meine Familie und das Ruhen in Gott, das mich fähig macht, mit mir selbst, mit meinem Mann und mit meinen Kindern in Frieden zu leben.

15 Neue Dimensionen

15. November

Ruben hat fürchterlich geschrien. Ich war einfach ratlos. Das Wikkeln hat keine Änderung gebracht, das Herumtragen konnte ihn nicht beruhigen, und selbst das Anlegen an die Brust, an der ich seine Aufregung sonst ganz gut stillen kann, schien ihm keine Hilfe zu geben. Er war ganz außer sich, so, als habe er ein schreckliches Erlebnis gehabt. Mich nahm das nervlich arg mit. In meiner Ratlosigkeit legte ich das kleine schreiende Bündel in die Einbuchtung meiner angezogenen Beine, die sich bei Seitenlage ergibt. Sein Kopf lag dabei an meiner Bauchdecke. Ohne genau zu wissen, warum ich so handelte, fing ich an, tief durchzuatmen mit der Bauchatmung, die mir von der Schwangerschaft her noch vertraut ist. Nach einigen Atemzügen ließ das Geschrei immer mehr nach. Es schien mir, als versuche dieser kleine Mensch eine Erinnerung wachzurufen, als komme ihm etwas bekannt vor, das er mit einem schönen Erlebnis in Verbindung bringe. Immer wieder hörte er kurz auf zu atmen, und seine Gesichtszüge waren dann ganz entspannt; es sah fast aus, als lächle er. Diese Beobachtung seines Mienenspiels erlaubte mir in gewisser Weise, einen Blick in seine kleine Seele zu tun. Ich »erlebte« mein Kind und versuchte, ihm zu folgen in die für mich dunkle Höhlenwelt eines wohl einzigartigen Erlebnisses, von dem ich nur einen Schatten mitbekam. Und dieser Schatten genügt, um mich tief mitzubeglücken und eine Sehnsucht nach diesem Erleben wachzurufen. Eine neue Dimension meines Menschseins ist mir aufgegangen: die Zeit des Werdens in der Umschlossenheit des Uterus. Ich möchte es in Verbindung bringen mit Geborgenheit, Bewahrung, Seligkeit, möchte es vergleichen mit einer warmen Sommernacht, in der ich am offenen Fenster sitze und die Silhouetten der Berge betrachte, die der Mond mit seinem Schein sanft berührt. Ich schaukle langsam in einem weichen Schaukelstuhl, völlig entspannt, und höre von ferne die Musik alter Meister, zum Beispiel von Beetho-

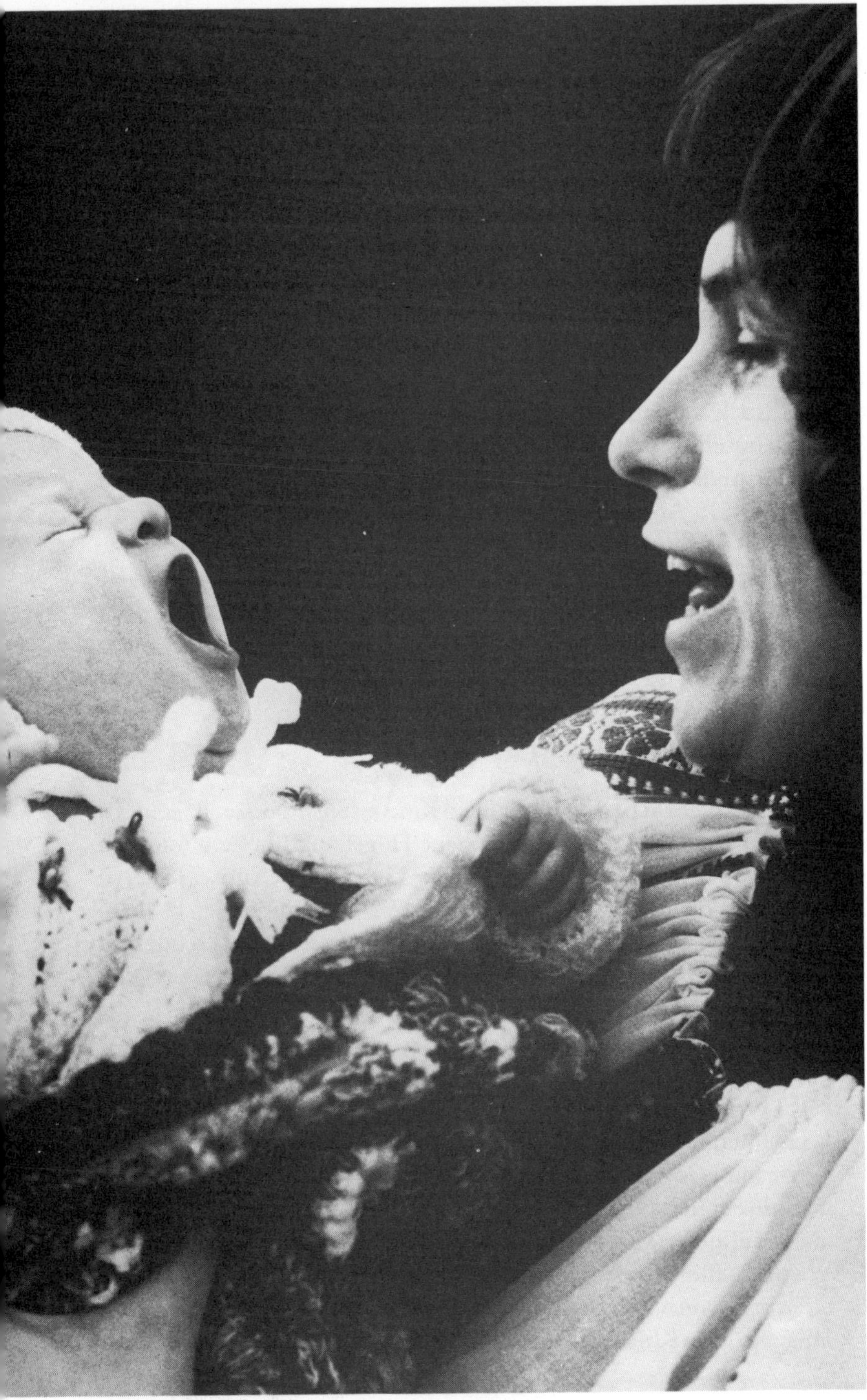

Ruben hat fürchterlich geschrien

ven, Mozart, oder Tschaikowski. Niemand will etwas von mir, ich habe keine Verpflichtung, niemand fordert oder drängt. Ich atme, weil es mir Freude bereitet. Ich lebe, weil es schön ist zu leben. Ich bin zwischen Schlafen und Wachen, wie in der Abenddämmerung. Niemand zwingt mich zu schlafen, und keiner will, daß ich wache. Ich weiß nicht, ob der Traum Wirklichkeit oder die Wirklichkeit Traum ist. Meinen Körper empfinde ich nicht als Körper. Er belastet mich nicht. Er ist so leicht wie die Flügel des Schmetterlings. Wenn ich mich bewege, so geschieht es mit der Schwerelosigkeit eines, der schwimmend über die Tiefe eines Bergsees gleitet, ohne in Zeitdruck zu sein.
Die Umschlossenheit des Schaukelstuhls empfinde ich nicht als Enge, sondern als Mantel, der mich beschützt, wärmt, abschirmt vor Gewalt, Angst, Tod – obwohl diese Definition nicht als Wort, sondern nur als ferne Ahnung in mir schlummert. Solche Momente sind wie Edelsteine, die uns einen winzigen Schimmer von dem verraten, was Himmel sein muß. Dies muß Leben sein, Leben, nach dem ich mich sehne. Ich begreife die Sehnsucht unseres Daseins nach Leben, das wirklich Leben ist.

3. Dezember

Wie aus tiefem Schlaf erwacht mein Kind zu einer Persönlichkeit. Es fängt an, wie ein Schmetterling seine Flügel auszubreiten und sich zu entfalten. War es bis jetzt nur meine Liebe, die sich um es legte, so ist es jetzt die Reinheit seines Glückes, die mich durch den lächelnden Mund erreicht. Wie ein Spiegel reflektiert es meine Freude und gibt sie mir zurück. Und ich möchte immerzu in diesen reinen, klaren Spiegel hineinschauen.

8. Dezember

Man hat mich eingeladen, einen Vortrag zu halten mit dem Thema: »Wie man Gott durch seine Kinder dienen kann.« Es hat mir große Freude bereitet, über Sorge, Belastung, über das Finden zum Ja und die Erfüllung zu sprechen. Bewegt hat mich, daß eine Mutter, die ebenfalls fünf Kinder hat, zu mir sagte: »Ich kam mir immer schuldig vor, wenn ich ungeduldig mit den Kindern war. Daß meine noch ungeborenen Kinder oft im Widerstreben mit meiner Seele standen, brachte mich zur Verzweiflung. Auch jetzt, da alle geboren sind, habe ich nicht immer ein Ja zu ihnen. Es tröstet mich, daß es nicht nur mir so geht, – daß ich nicht perfekt sein muß, um eine gute Mutter zu sein, daß ich Fehler machen darf, ohne daß meine Kinder gleich Schaden nehmen. Ich will lernen, zu mir ja zu sagen, auch zu meinen Fehlern; ich weiß jetzt, daß ich sie nicht mehr verdrängen muß, sondern bewältigen kann, Stück für Stück. Und auf diese Weise kann ich meinen Kindern besser helfen. Annahme und Vergebungsbereitschaft sind die Grundgedanken, die mich nun begleiten, und ab heute werden sie auf einem Zettel an meinem Küchenschrank hängen.«

16 *Wir sind reich*

6. Januar

Heute ist unser 10. Hochzeitstag.
Wo sind diese Jahre geblieben?Vieles ist mir noch so lebendig, als sei es gerade gestern gewesen; das Läuten der Glocken klingt mir noch in den Ohren, ich sehe das Strahlen auf den Gesichtern der Gäste und höre den Choral von Tante Hildegard. Immer noch schlägt mein Herz schnell, wenn ich daran denke, wie Ha-Jo zur Tür hereinkam, um mich abzuholen zur Trauung. Aus vollster Kehle sang ich damals: »Lobe den Herren, den mächtigen König der Ehren« mit, während mein lieber Mann ganz still zuhörte, weil er zum Singen zu aufgeregt war. Ja, damals! – Fünf Kinder sind uns inzwischen geschenkt. Unsere Liebe hat sich verwandelt. Das überschwengliche Liebesgefühl ist in das Bewußtsein einer tiefen Geborgenheit übergegangen, der Sturm der jugendlichen Verliebtheit ist verwandelt in ein ganzes Ja zum Partner, die Wogen des Mißverstehens sind geglättet durch den Willen, dem andern zu vergeben und ihn anzunehmen, nicht wie er sein sollte, sondern wie er ist. Wie dankbar bin ich für diese Jahre, wie dankbar für unsere Kinder, die uns auf diesem Weg durch ihre Kindlichkeit immer neue Impulse geben, beweglich zu bleiben!

10. Januar

Jedes Kind bewirkt in mir so etwas wie einen Neubeginn. Durch unsere Kinder kommt es, daß ich mich nicht alt fühle, sondern jung. Jede Geburt verändert mich, macht mich offen für das Neue, fähig, Altes zu überdenken und einer veränderten Wirklichkeit zu begegnen.
Mein Kind fordert mich; ich muß ihm auf seiner Stufe begegnen. So durchschreite ich nochmals meine eigene Kindheit. Bilder werden lebendig. Warum nicht noch einmal sich auf der Schaukel in die

Luft schwingen lassen? Warum nicht zusammen mit dem Kleinsten die Rutschbahn hinunterrutschen, wenn es sich allein fürchtet? Warum eigentlich nicht? Ich habe keine Zeit, Ausreden zu suchen. So mache ich mit – und freue mich mit. Das Gefühl der Selbstzufriedenheit, der Langeweile oder gar Selbstüberschätzung findet keinen Raum.
Ich werde selbst wieder zur Fragenden und Suchenden, wenn meine Kinder etwas von der Ewigkeit, vom Himmel wissen wollen, von der Größe der Sterne und des Weltalls – oder auch nur, warum sie bei unserer Hochzeit nicht eingeladen waren oder ob ein Regenwurm Zähne hat.

5. Februar

Es ist Abend. Die Wohnung liegt im Dämmerlicht. Unsere herrlichste Spielstunde beginnt: Verstecken! »Licht anschalten verboten«, das gehört mit zu den Spielregeln. Einer zählt – und im Nu sind alle verschwunden: Papi krabbelt unters Bett, Mami steht mit dem Kleinsten hinter dem Vorhang, Miriam kauert hinter der Tür, Markus hockt hinter dem Sessel. Überall sitzt ein kleiner Schreier für Sekunden mucksmäuschenstill. Atemberaubend, diese Ruhe! Und dann wird der erste gefunden – mit großem Hallo. Auch der nächste wird aus dem Versteck gelockt. Und so geht es weiter. Die Wohnung gleicht einem zerwühlten Heuhaufen. Aber wir sind glücklich. Es ist, als wollte man sich voreinander verstecken, um sich neu zu entdecken, als wollte man sich voreinander verbergen, um neu darüber zu staunen, von wievielen Menschen man umgeben ist. Wie wächst dabei die Freude, einander zu haben, einander zu kennen, einander zu gehören! Welch einen Reichtum haben wir aneinander!

Mein Kind,
wie ein Sonnenaufgang ist dein Dasein für mich; wie Wind, der über das Zittergras streicht, berührt dein Dasein mein Herz. Du hast mich so mit Freude erfüllt! Meine Seele ist wie ein Vogel, der sich auf die höchsten Äste der Tannen schwingt; sie schwebt mit der Leichtigkeit einer Lerche ins All, klingt im Ton zarter Flöten, springt mit der Anmut des Rehs über die Berge, sprudelt kristallklar mit dem munteren Quell ins Tal.
Wer vermag den Reichtum dieses Erlebens zu fassen? Weit, frei,

leicht, zart, glücklich, gelöst, all das gleichzeitig, ein Stück Himmel ist in mir. Mein Kind, du bist da. Mein liebes Kind, wie hast du mich beschenkt.
Dein Dasein hebt mich aus dem Alltag, aus der Hetze, aus der Gleichgültigkeit, aus der Sinnlosigkeit. Du gehörst zu mir, ich zu dir. Aber du gehörst mir nicht. Du bist mir anvertraut als Lehen von Gott. Laß uns miteinander und aneinander arbeiten, damit sich unser Herr an uns freuen kann, wenn er zurückkommt.
Ich staune dich an und kann mich kaum satt sehen. Welch ein Meister, der dich bereitet hat! Er, der dich in mir schuf, sollte er nicht die Macht haben, alle Dinge meines Lebens zu ordnen? Ich erahne etwas von Seiner Größe. Du schenkst mir dieses gewaltige Erkennen, mein Kind.'

Januar 1978

Markus kam von der Schule nach Hause. Er begrüßte mich und schaute mich fragend an. Irgend etwas bewegte ihn. Eine ganze Zeit brauchte er, bis es aus ihm herauskam: »Mutti, sind wir reich? – Martin hat gesagt, er ist nur dann noch mein Freund, wenn ich ihm das verrate.« Wir setzten uns zusammen an den Tisch. »Was heißt denn reich sein?« fragte ich ihn. »Wenn man viel Geld hat«, kam spontan aus ihm heraus. »Man kann auch reich an anderen Dingen sein. – Reich sein bedeutet einfach, daß man von etwas Bestimmtem viel besitzt.« – »Dann bin ich auch reich, denn ich habe viele Spielzeugautos!« rief er voller Begeisterung – »...und ihr«, kam es dann langsam, wie ein plötzliches Erkennen, über seine Lippen, »ihr seid auch reich, denn ihr habt ja uns alle.« Froh sprang er vom Tisch auf und rannte ins Kinderzimmer. Dabei hörte ich ihn in allen Tonlagen sein neu erfundenes, neu gefundenes Lied singen: »Wir sind reich, wir sind reich, wir sind reich...« Und in meinem Herzen jubelte es immerzu mit: »Ja, wir sind so reich!«

17 *Viele Jahre später*

Mai 1995

Viele Jahre sind seit dem ersten Erscheinen des Buches vergangen. Inzwischen ist Markus 26, Esther 25 Jahre alt. Damaris ist verheiratet und lebt in Kalifornien. Wir haben einen zwei Jahre alten süßen Enkelsohn namens Joshua. Auch Miriam ist verheiratet und studiert in den U.S.A. Ruben, mit dem das Buch ›Du in mir‹ endete, ist jetzt 18 Jahre alt geworden. Nach Ruben bekamen wir ein Pflegekind namens Ferdi anvertraut. Er war damals schon 10 Jahre alt und wurde somit unser Ältester. Da er kein Zuhause hatte, adoptierten wir ihn später.

Gott schenkte uns danach die Gnade, noch weiteren fünf Kindern das Leben zu geben und sie zu begleiten. Nicht etwa der Gedanke, wir seien großartig oder kraftstrotzend, bewog uns, das Wagnis einer so großen Familie einzugehen. Vielmehr war es das schlichte Vertrauen in Gott. Er hat zugesagt, daß Kinder ein Segen (Psalm 127,3) sind. Und daran halten wir bis heute fest. So haben wir eine Erzieherin, eine Bäckerin, Studenten, Auszubildende, Schüler in unserer Familie. Die einen haben ihren Weg schon gefunden, die anderen sind noch auf der Suche.

Ruhig wird es im Hause wohl noch lange nicht. Sechs Kinder zwischen 4 und 18 Jahren leben noch bei uns. Für ungewisse Zeit lebt eine erwachsene Tochter wieder mit uns, und eine andere ist mit ihrer ganzen Familie dazugekommen. Es ist eine bunte Mischung aus vielen Temperamenten, Meinungen und Ideen.

Gelegentlich sehnen Hans-Joachim und ich uns sehr nach Ruhe, nach einer Unterhaltung ohne Unterbrechungen, nach einer Insel. Und das ist leider nur selten möglich. Aber unser Leben ist reich, und wir fühlen uns von Gott als Beschenkte. Gott hat uns nirgends versprochen, alle Steine aus dem Weg zu räumen. Aber er hat uns zugesagt, alle Tage bei uns zu sein!

An den letzten drei Geburten will ich Sie nochmals teilhaben lassen. Es war Anfang 1990. Salome war inzwischen fünf Jahre alt geworden. Ich feierte meinen 42. Geburtstag. Etwas wehmütig, aber auch dankbar zog ich Bilanz:

- 42 Jahre auf dieser Erde,
- 22 Jahre verheiratet,
- 10 Kinder.

Nun war anscheinend die Phase des Älterwerdens ›dran‹. Eigenartige Gedanken gingen durch meinen Kopf: *›Es ist gut so. Ich spüre, wie meine Kräfte weniger werden. Gott hat gute Absichten damit, wenn das ›Kinderkriegen‹ ab einem bestimmten Zeitpunkt zu Ende ist.‹* Und trotzdem war da ein Schmerz in mir, wenn ich darüber nachdachte, daß diese Lebensphase nun abgeschlossen schien.

Statt Hysterektomie eine Schwangerschaft!

Arztbesuche sind für mich lästig. Erstens kosten sie viel Zeit, und zweitens finden die Ärzte meist irgend etwas, von dem man vorher nichts wußte. »Du mußt wieder zur Voruntersuchung«, drängte mich Hans-Joachim. Aber ich wollte nichts davon wissen. »Sei nicht nachlässig«, fuhr er fort, »wir sollten die Möglichkeiten wahrnehmen, die Gott uns in unserem Land gibt«. Also ging ich. »Ihr Uterus sieht nicht gut aus«, sprach mich der Gynäkologe nach der Ultraschalluntersuchung an. »Sie sollten ihn wegen der vielen Myome unbedingt entfernen lassen«. Dazu hatte ich überhaupt kein Ja. »Ich werde wiederkommen«, versprach ich ihm, »aber lassen Sie mir noch ein paar Monate Zeit.«
Es wurde August, und ich merkte, wie mein ganzer Körper sich veränderte. Außerdem war inzwischen mein Zyklus unregelmäßiger geworden. Nun blieb die Menstruation ganz aus. So mußte es denn sein, daß ich mich zum Arzt und ›unters Messer‹ begab.

Tagebuch
Am Morgen bete ich: ›Herr, es ist so schwer für mich, diese Operation hinter mich zu bringen. Aber wenn du denkst, daß mein Muttersein nun abgeschlossen ist, so gebe ich dir mein Ja. Du weißt am besten, was gut für mich ist.‹
Mit eigenartigen Gefühlen sitze ich im Wartezimmer. Mitten in meine Gedanken drängt sich plötzlich eine andere Idee: Sollte ich mögli-

cherweise einfach *›nur‹* schwanger sein? Ich verwerfe den Gedanken, denn Salome ist schon fast fünf Jahre alt, und ich schon 42! Als ich zum Arzt hineingerufen werde, bitte ich darum, bei der Untersuchung auch einen Schwangerschaftstest durchführen zu lassen. Er ist einverstanden, schüttelt aber den Kopf. Doch dann stellt sich heraus, daß ich schwanger bin.
In mir sind plötzlich lauter Fragezeichen. Ich fühle mich wie betäubt. Statt Hysterektomie eine Schwangerschaft?
Mit unserer kleinen Tochter Salome gehe ich wie eine Träumende aus der Praxis. Schon vor der Tür empfinde ich Jubel. Gott vertraut uns noch einmal ein Kind an! Wenn Gott mir noch ein Kind zutraut, darf ich es mir auch zutrauen. Ich fühle mich von Gott beschenkt und geehrt. Ich will das Werden dieses Kindes noch einmal ganz bewußt erleben.
Wir steuern ein Möbelgeschäft an und kaufen zur Feier des Tages einen schönen großen Spiegel. Danach fahren wir nach Hause. »Schatz«, sage ich zu meinem Mann, »ich verrate dir ein wundervolles Geheimnis.« »Du bist schwanger«, lacht er. »Ich ahnte es schon, wollte aber keine Hoffnung wecken, wo du an ganz etwas anderes dachtest.«

Acht Wochen später

Eine liebe Bekannte von mir ist an Krebs gestorben. Es schmerzt mich sehr. Innerlich bin ich aber in der frohen Gewißheit, daß sie bei Jesus Christus sein darf. Trotzdem nimmt mich die Beerdigung sehr mit. Viele Menschen in dieser Familie reagieren mit Bitterkeit auf diesen frühen Tod. Nicht alle kennen Gott. Als ich eine Angehörige am Grab auf die Hoffnung anspreche, die wir durch Jesus haben dürfen, gibt sie mir eine harte Antwort. Ich bin innerlich total erschüttert und weine schließlich laut, als ich im Auto sitze. Der Tod ist einfach grausam. Er hält Einzug und fragt nicht nach den Umständen. Er läßt Mann und Kinder verwaist zurück. Ob sie darüber verzweifeln oder nicht, das alles interessiert den Tod nicht. Er kommt einfach und holt sich, was er will.
Aber darf er das wirklich? Da ist doch noch ein anderer. Und der hat das letzte Wort. Der weiß Bescheid. Der läßt nicht willkürlich zu, was der Tod bestimmt. Nein, ER erlaubt oder verbietet. Das macht mich

innerlich getrost, obwohl meine Seele bebt. Es wird der Tag kommen, an dem ich auch diesen Tod begreifen werde.

Die innere Erschütterung breitet sich nicht nur in meiner Seele aus. Auch mein Körper ist durcheinander. Er leidet mit. Und einige Stunden später bekomme ich Blutungen, die immer stärker werden. Ich lebe zwischen Hoffen und Bangen. Wie sehr beten wir darum, daß dieses Kindlein leben darf. Ich möchte unser Kind festhalten, ihm Mut machen, es beschützen. Aber ich spüre meine Unfähigkeit. Ich fühle mich schuldig, es nicht genug geschützt zu haben. Hilflosigkeit und Verzweiflung, Hoffen und Mut lösen einander ab. Noch lebt es.

Drei Tage später sagt uns der Arzt, daß keinerlei Leben mehr festzustellen ist. Trotz Medikamenten, trotz strenger Bettruhe ist der kleine Mensch in mir gestorben.

Ich will das Kind nicht loslassen, auch wenn mir mitgeteilt wird, daß es nicht mehr lebt. Warum sollte es nicht mehr leben? Was für einen Sinn machte es sonst, daß Gott mir so spät noch ein Kind schenkte. Nur um es wieder zu sich zu nehmen? Ich fühle mich voller Fragen, die mir niemand beantworten kann. Innerlich will ich mich selbst damit betrügen, daß ich mir vorsage: ›Es lebt doch noch. Der Arzt weiß es nur nicht. Er irrt sich.‹

Doch zwei Tage später begreife ich es. Die starken Blutungen lassen keinen Zweifel mehr darüber. Ich bin froh, daß die Ausschabung ambulant gemacht werden kann. So brauche ich nicht ins Krankenhaus. Und mein Mann darf bei mir sein. ›In Freud und Leid‹ – kommt mir in den Sinn, während ich an unsere Hochzeit damals denke. Wieviel schöner wäre eine Geburt gewesen! »Ich hätte so gerne das Kleine gesehen!«, bat ich den Arzt. Aber es war nicht viel zu sehen. Das Gewebe hatte sich schon zersetzt.

Entstanden und vergangen, und nicht einmal zu erkennen. Ich weiß nicht, ob es leichter gewesen wäre, hätte ich sein kleines Gesicht gesehen. Vielleicht wäre es sonst immer in meinen Gedanken ein kleines, unvollkommenes Menschlein geblieben.

So aber habe ich das Bild meiner letzten Träume in meinem Herzen. »Sarah«, rief ich das Mädchen, von dem ich wußte, daß es mein Mädchen war. Ich sah sie vor mir mit zwei langen Zöpfen. Und dieser Traum gab mir die Überzeugung, daß sie leben würde. Vielleicht ist es deshalb auch so schlimm, das Gegenteil zu erleben. Ich war mir so sicher, daß sie leben würde!

Inzwischen sind wir auf dem Heimweg. Ich fühle mich ein wenig wie

nach einer Geburt. Nur meine Hände und Arme wirken für mich fremd und leer. Da ist kein Kind, das ich streicheln kann.
Unsere anderen Kinder wußten, warum wir zum Arzt gegangen waren. »Mama, wo ist unser kleines Geschwisterchen. Warum hast du es nicht mitgebracht? Dann könnten wir es wenigstens begraben. Wo wird es begraben werden?«
Fragen über Fragen. Die Kinder hatten erlebt, wie wir unsere gestorbenen Tiere betrauert und begraben hatten. Nun gab es nicht einmal einen Ort der Erinnerung für dieses Geschwisterchen. Kein auch nur kleines Holzkreuz erinnerte daran, daß es einmal gelebt hatte.
Die Kinder brachte dieser Gedanke ganz durcheinander. Sollte es einfach vergessen, weggewischt sein? Es hatte doch gelebt! Es hatte seinen Weg begonnen, wie jeder von uns! ›Wo ist es jetzt? Werden wir es wiedersehen?‹ Die Fragen wollen nicht enden.
Salome beginnt, aus Papier ein Kreuz auszureißen. Sie schreibt Sarah darauf. »Das ist für meine Schwester«, sagt sie. Ich merke, wie mir diese Worte die Tränen in die Augen treiben. Doch weil die Kinder so mitleben, so mitleiden, kann ich den Schmerz leichter verarbeiten.

Tagebuch
Das Leben geht einfach weiter. Die Sonne geht unter und wieder auf, als wäre nichts geschehen. Aber ich bin nicht mehr dieselbe. Meine Seele trauert. Und ich bin ihr so hilflos ausgeliefert. Was soll ich ihr antworten? ›Es war gar nicht so schlimm?‹ Das wäre eine Lüge!
Wie soll ich mit dem Tod dieses kleinen Menschleins umgehen? Ich fühle mich so als Versager, als wäre ich an allem schuld.
Es gelingt mir kaum, meine Gedanken zu ordnen. Oft liege ich in der Nacht wach. Aber alles ist so durcheinander. Ich träume von Kindern, die ich aus einem tosenden Meer herausreiße, selbst fast am Untergehen.
Manchmal breche ich bei einer ganz normalen Unterhaltung in Tränen aus. Es ist mir peinlich, denn es ist für andere nicht zu verstehen, wie ich reagiere. Ich kann mich ja selbst nicht verstehen.

Reaktionen der anderen

Leider hatten schon zu viele von meiner Schwangerschaft gewußt. Ich war so begeistert gewesen über das Entstehen dieses Kindes. Nun trafen mich die unüberlegten Kommentare von Menschen:

* »Ihr habt doch genug Kinder. Sei doch froh. Du hättest das ja kaum geschafft, noch ein Kind zu haben.«
* »Wahrscheinlich wäre es sowieso behindert gewesen, bei eurem Alter.«
* »Stell dir nur vor, wie alt du gewesen wärst, wenn es in die Pubertät gekommen wäre ...«
* »Es war ja erst in der achten Woche. Du hast es ja noch gar nicht gespürt!«

Sicher war das alles gut gemeint – und als Trost gedacht –, aber in meiner Seele bewirkte es neue Verletzungen. Ich hatte den Eindruck, mein Kind vor diesen Bemerkungen schützen zu müssen. Es schien mir, als würden sie meinem Kind sein Lebensrecht absprechen.
Tröstlich empfand ich den feinen Ausspruch einer Ordensschwester: »Dies ist das einzige Kind von Ihren vielen Kindern, das Sie mit Sicherheit im Himmel wiedersehen dürfen!«

Tagebuch

Mein Mann verarbeitet die Fehlgeburt ganz anders als ich. Für ihn war das Kind noch nicht so existent wie für mich. Seit ich wußte, daß ich schwanger war, fing ich an, mit dem Kind zu leben.
Ich kann meinem Mann nicht verübeln, daß er nicht so empfindet wie ich. Er hat diesen kleinen Menschen nie in seinem Bauch gehabt. Oder verdrängt er das ganze Geschehen? Er sucht mich als Gegenüber, aber ich bin nicht ich. Am liebsten würde ich einen hohen Zaun um mich bauen, um mich zu schützen. Doch dann kommen wieder Momente, da habe ich eine solche Sehnsucht nach Geborgenheit.
Ich will ihm keine Vorwürfe machen. Meine Gefühle kreisen um das verlorene Kind. Seine Gefühle kreisen um mich, weil er mich innerlich nicht finden kann. Ich bin ihm fremd, wie ich auch mir selbst fremd bin. Er sucht mich, und ich suche das Kind.
Es kommt zwischen uns leicht zu Mißverständnissen. Dies gibt mir das Gefühl, von niemandem verstanden zu werden. Oft weine ich still vor mich hin, wenn ich beim Arbeiten bin.
Selbst Gott scheint mir so weit weg. Wo war er, als mein Kind nicht mehr versorgt wurde? Warum beschützte er es nicht? Warum ließ er es entstehen, um es dann sterben zu lassen? Ich will dem Herrn vertrauen, daß er alles weiß. Und doch bäumt sich mein Verstand dagegen auf.

Hans-Joachim hört unser Kind

Es ist Abend und ruhig im Haus. Die Kinder schlafen schon. Hans-Joachim nutzt die Stille und arbeitet noch für eine Stunde im Büro. Da hört er es ganz deutlich rufen: »Mama«, und einige Zeit später auch – »Papa«. Er ist zunächst irritiert. Alle schlafen doch. Und die Schlafzimmer liegen zwei Stockwerke über ihm. Er geht vor die Bürotür. Aber dort ist nichts. Es klingt weit weg – und doch auch ganz nah. Da begreift er. Es ist ein inneres Erkennen: »Es ist mein Kind. Es ist unser Kind. Eigentlich wollte es zu uns, war uns bestimmt. Nun ist es in der Herrlichkeit bei Gott. Und doch war sein Leben eigentlich für diese Welt gedacht.« Still sitzt er da. Das Rufen wird leiser, wie ein Abschiednehmen.
Dieses Erlebnis verändert meinen Mann. Er wird sensibel für meine Gefühle. Irgendwie fängt er an, mich zu verstehen.
(Diese Erfahrung mag einigen Lesern fremd und sonderbar vorkommen, das geben wir zu. Uns ist auch bewußt, daß nicht alle Eltern es erleben. Nun, wir haben es erlebt (und andere auch). Vielleicht, weil wir uns intensiv mit dem kleinen Menschen im Mutterleib beschäftigt haben. Ist es nur Einbildung, subjektiv, kommt es aus dem Seelischen, ist es »Gottes Trost« … oder ist es wirklich wahr? Auf diese Frage können wir keine Antwort geben. Wir wissen nur eines: wir haben das Kind gehört. Deshalb sind wir getrost. Wir werden es eines Tages wiedersehen.)

Ich denke zurück an jenen Mann, der mir vor Monaten schrieb. Er hatte mir im Brief seine schreckliche Not mitgeteilt: Seine Frau hatte ihr drittes Kind erwartet. Die Wohnung war für ein weiteres Kind zu winzig. Die zwei anderen Kinder schliefen schon im Schlafzimmer der Eltern. Ansonsten gab es nur noch eine Küche. Wie wollten sie ein drittes Kind aufnehmen? Er war Alkoholiker und schlug immer wieder auf seine Frau ein, bis sie schließlich zur Abtreibung bereit war. Die Zeit danach war katastrophal. Aber nicht nur die Ablehnung seiner Frau erschütterte ihn. Am schlimmsten war für ihn, daß er das ungeborene Kind, dem das Leben genommen worden war, sehr oft nach ihm rufen hörte. Diese Not trieb ihn in eine Therapie. Er kam vom Alkohol los. Allerdings hört er dieses nie geborene Kind gelegentlich immer noch.
»Bitte«, so flehte er mich in dem Brief an, »lassen Sie alle Menschen,

die Sie erreichen können, an meinem Brief teilhaben. Es ist furchtbar, auf diese Weise schuldig zu werden.«
Ich kann seine Not nur erahnen. Und allein das ist genug, um zu wissen, daß es furchtbar sein muß.

Steigerwald-Plastik

»Ich hab etwas für dich«, sagte mein Mann liebevoll und überreichte mir einige Zeit danach ein kleines, aber schweres Päckchen. »Es ist für dich. Damit du es anschauen kannst.« »Du redest ja in Geheimnissen!« Verwundert schaute ich ihn an.
Hans-Joachim hatte mir eine Steigerwald-Plastik geschenkt: Ein Mädchen, das sich in eine große Hand schmiegt. »Nun kann ich es anschauen und sogar berühren«, sagte ich mit Tränen in den Augen: »Unsere kleine Sarah!« Wann immer ich nun an meinem Schreibtisch sitze, habe ich mein Kind vor mir. Diese Plastik erinnert mich daran, daß mein Kind aufgehoben ist in der Hand meines himmlischen Vaters, am besten Platz, den es gibt. Immer noch ist Schmerz damit verbunden. Aber es ist ein gestillter Schmerz, der mir das Gefühl gibt: Es ist nicht so gegangen, wie ich es mir gewünscht hätte. Aber es ist alles gut.

Begegnung mit Conni

Wir halten ein Seminar für Ehepaare. Die Offenheit untereinander tut gut. Aus Problemen entwickeln sich Lösungen. Paare begegnen einander mit einer neuen Betrachtungsweise. Dann habe ich auch ein Gespräch mit Conni. Sie ist mit ihrem Mann gekommen. Mich bittet sie um ein Gespräch. Und dann schüttet sie ihr Herz aus: Sie hatte eine Fehlgeburt!
Früher hätte ich vielleicht gedacht: Nun ja, sie hat schon drei Kinder. Aber dieses Mal mußte ich gar nichts denken. Ich nahm sie einfach in den Arm und weinte mit ihr. Wie gut konnte ich diese Frau verstehen, obwohl wir uns kaum kannten. Dieses Erlebnis brachte uns zusammen auf der Stufe tiefen Leids. Während sie sprach, fühlte ich in meiner Seele, was sie meinte. Aber es war eine neue Art von Schmerz. Es war das tiefe Mitleiden mit einem Menschen, der durchmachte, was mir vertraut war. Ich fühlte mich plötzlich selbst

verstanden. Und trotz aller Tränen, die wir vergossen, wurden wir beide tief getröstet.
Als wir zum Schluß miteinander beteten, sah ich vor meinen inneren Augen zwei lachende Kinder auf einer grünen Wiese tanzen. Sie schienen unendlich glücklich zu sein. Ich bin sicher, daß es unsere beiden waren. Sie sind schon an diesem Ort der Herrlichkeit, der das Ziel meines Lebens ist. Wir werden sie einmal wieder sehen! Wir werden sie erkennen!
Ich merke, daß ich trösten kann, weil ich den Schmerz kenne. Und ich durfte trösten, weil ich von Gott getröstet bin.

Arztbesuch

»Sie sollten in der nächsten Zeit auf keinen Fall schwanger werden, wenigstens ein Vierteljahr«, gab uns der Arzt als Information nach der Ausschabung mit auf den Heimweg. Und diese Worte klingen immer noch in meinen Ohren.
Wer sagt denn, daß ich überhaupt noch einmal schwanger werde? frage ich mich. Und außerdem ist das alte Problem mit den Myomen in der Gebärmutter immer noch nicht gelöst! Immer wenn ich an den Satz denke, macht er mich wütend. Ich höre heraus, daß wir es ganz aufgeben sollen. Und vom menschlichen Standpunkt gesehen muß ich dabei dem Arzt auch noch recht geben. Aber es ist eigenartig. Je mehr ich meinen Verstand einschalte, um so stärker reagiert meine Seele darauf mit Sehnsucht nach einem weiteren Kind.
Viele Fragen beschäftigen mich:
Will ich deshalb ein Kind, damit die ›aufgesparten‹ Emotionen zum Ausdruck kommen dürfen? Will meine Seele nachholen, für was sie lebte? Und dann auch: Kann ein weiteres Kind das vorige ersetzen?
Jedes ist doch einmalig und unwiederholbar. Selbst wenn ich noch eines bekäme, so wäre es nicht dieses!
Aber vielleicht bittet meine Seele einfach nur um Gehör. Gefühle wollen wahrgenommen werden und geben sich mit Verdrängen nicht zufrieden. Es ist gut, daß ich mich auf diese Weise damit beschäftigen muß.

Wieder ein Arztbesuch

Ein Vierteljahr ist vergangen. Ich war wieder beim Arzt, zur Nach-

untersuchung. Zwar bin ich innerlich immer noch in Trauer. Aber durch die Fehlgeburt haben sich die Myome zurückgebildet. Ich brauche vorerst keine Operation.
Obwohl ich mich innerlich noch einmal nach einem Kind sehne, habe ich doch furchtbare Ängste davor, noch einmal eine Fehlgeburt verkraften zu müssen. Sollte ich jetzt, in so fortgeschrittenem Alter, noch eine Sterilisation durchführen lassen? Mit Hans-Joachim spreche ich darüber. Es ist ein solches Durcheinander von Sehnsucht und Angst in mir. Wir kommen zu dem Ergebnis: Jetzt, da wir alle Kinder aus Gottes Hand genommen haben, wollen wir auch ja zu den leidvollen Erfahrungen sagen. Außerdem ist die Möglichkeit, wieder schwanger zu werden, sehr gering.
Obwohl ich innerlich dieses Kapitel abgeschlossen habe, ist es merkwürdig zu wissen, daß mit und ohne unsere Entscheidung dieser Weg nun wahrscheinlich zu Ende ist.
In mir ist Hoffnung und Angst zugleich, denke ich an eine weitere Geburt. So fällt es mir zur Zeit nicht schwer, Gott darum zu bitten, sein Wille möge geschehen.

Tagebuch
Eigenartig, unser nie geborenes Kindlein wäre fast zusammen mit dem Kind meiner Schwägerin zur Welt gekommen. Jetzt, da man ihr die Schwangerschaft immer mehr ansieht, empfinde ich so etwas wie Neid. Wenn sie kommt und über ihre Übelkeit spricht, bin ich innerlich fast ärgerlich auf sie. Wieviel lieber wäre mir übel, als daß mein Kind nicht leben durfte! Und ihres darf leben!
Ich weiß, daß es dumm ist, solche Überlegungen anzustellen, aber meine Psyche interessiert das wenig. Sie reißt mich mit diesen Gedanken einfach mit. Als meine Schwägerin aus dem Haus geht, erfaßt mich wieder das Gefühl der Leere. Ich fühle mich innerlich ausgehöhlt – und in der Tat, so ist es. Ich bin hohl. Mein Kind, das auch leben wollte, ist tot … fort, so, als wäre es nie gewesen.

Tagebuch
Inzwischen ist das Kind meiner Schwägerin geboren. Aber auch meines wäre geboren!
Der Geburtstermin ist vorüber. Es ist vorbei. Es ist abgeschlossen. Das Kind ist da oder es ist nicht da. Ich brauche nicht mehr zu hoffen und zu warten. Es gibt nichts mehr zu hoffen.

Was für Gedanken! Ich staune, was auf mein Papier fließt. Eigentlich freue ich mich mit, daß alles gut gegangen ist. Aber schon während ich es schreibe, muß ich denken, daß eben nicht alles gut gegangen ist. Bei meiner Schwägerin ist es gut gegangen, bei mir eben nicht. Es ist alles so durcheinander, was ich denken will. Am liebsten möchte ich ihr Kind gar nicht sehen. Ich will es nicht in die Arme nehmen. Warum nur nicht? Es ist ihr Kind. Das ist es! Ihres lebt, meines mußte sterben. Warum, Gott, warum? Hätten nicht beide leben können?

Der Besuch bei der Schwägerin

Ich habe meine Schwägerin doch besucht. Sie wollte mir ihr Kind so gerne zeigen. Das ist ja verständlich. Und ich freue mich auch mit ihr. Sie weiß nicht, welcher Sturm in meiner Seele tobt.
Es ist ein goldiges Kind. Aber ich konnte nicht so genau hinschauen. Denn es fing in mir zu rätseln an: *Wie hätte mein Kind ausgesehen?* Ich konnte es auch nicht in die Arme nehmen. Irgend etwas hielt mich zurück. Ich stand einfach da. Die Arme hingen an mir herunter. Ich fühlte sie leer und unbrauchbar und funktionslos, so als würden sie gar nicht zu mir gehören. Als ich wieder im Auto war, fing ich zu weinen an.
Nach einer Weile gingen meine Gedanken andere Wege. Ich dachte zurück an eine Frau, die ich viele Jahre zuvor einmal im Krankenhaus gepflegt hatte. Sie hatte gerade ihr viertes Kind durch eine Fehlgeburt verloren – so wie die drei Kinder davor. Nie war sie Mutter ihrer Kinder geworden. Sie hatte jedesmal große Beschwerden gehabt, und doch hatte sie wieder eine Schwangerschaft auf sich genommen, nur um ein Kind in den Armen zu halten. Doch nie hatte sie erleben dürfen, wie das kleine Bündel nach der Geburt in ihren Armen lag und schrie oder sie anschaute.
Ich schämte mich, daß ich im Leid nur immer um mich kreiste. Viele Frauen vor mir und nach mir würden mit solch einer Situation fertig werden müssen. Wie oft hatte ich das Glück eines Kindes schon erleben dürfen! Nein, ich will nicht bei den traurigen Stimmungen stehenbleiben. Ich will der Dankbarkeit in mir Raum geben. In Gedanken rufe ich in mir Erinnerungen an frühere Geburten wach. Mehr und mehr breitet sich ein tiefer Friede in mir aus.

Tagebuch

Warum bin ich nur so durcheinander? In den letzten Tagen breche ich manchmal in Tränen aus, wenn mir jemand etwas Trauriges erzählt. Und wenn die Kinder sich streiten, belastet mich das sehr. Ich fühle mich in meiner Seele so zerbrechlich, so wenig belastbar. Kaum kann ich mich selbst aushalten. Was ist los mit mir?

In meiner Verzweiflung werfe ich mich in Gottes Arme. Er hat mich geschaffen. Er kennt auch meine Seele. Ich wende mich an ihn, als meinen Seelsorger. Ein Vers aus den Psalmen spricht mich besonders an: ›Sammle meine Tränen in einen Krug, ohne Zweifel, du zählst sie.‹ (Psalm 56,9) Vor meinem Schöpfer brauche ich keine Schau zu machen. Auch meine Tränen brauche ich nicht vor ihm zu verbergen. Und ich muß nicht einmal im voraus sortieren, ob sie berechtigt sind, oder nur reines Selbstmitleid.

Das nimmt mir den Druck. Ich darf mein Durcheinander vor meinem Gott ausbreiten. So schließe ich mich ins Zimmer ein und lasse die Tränen fließen. Es tut gut, niemandem darüber Rechenschaft geben zu müssen.

Nachdem ich vorher eine große Verlassenheit gefühlt hatte, spüre ich nun, wie es mir leichter wird. Fast ist es, als würde ich hören, wie er, der große Gott, mir zuspricht: ›Kind, fürchte dich nicht, ich bin bei dir.‹

Tagebuch

Meine Menstruation ist ausgeblieben. Ich mache mir zunächst nicht so viele Gedanken darüber. Meine Gefühle sind wohl schuld daran. Oder ob mein Körper mir eine Schwangerschaft vortäuschen will, nachdem ich das Kleine meiner Schwägerin gesehen habe? Es ist jetzt das zweite Mal, daß mein Körper nicht »normal« reagiert. Ich denke über die bevorstehenden Wechseljahre nach. Immerhin bin ich jetzt 43 Jahre.

Aber wie das oft so bei uns ist: Während ich am Fragen bin, hat mir Hans-Joachim schon einen Arzttermin ausgemacht. Irgendwie bin ich wütend darüber. Ist er unzufrieden mit meiner Unausgeglichenheit? Habe ich nicht auch das Recht, abgespannt und antriebslos zu sein? Jetzt, da unsere Kinder während der Pubertät so anstrengend und oft ungerecht sind, möchte ich auch unausgeglichen sein dürfen!

Tagebuch (Juni)
Ich war beim Arzt. Er hat eine Schwangerschaft festgestellt. Irgendwie hatte ich auch darüber nachgedacht, aber es nicht ernstlich in Betracht gezogen. Es ist schwer zu sagen, ob ich mich freue. Ich habe es einfach wahrgenommen. Obwohl ich mich danach gesehnt hatte, wächst die Angst in mir. Noch einmal eine Fehlgeburt?

Tagebuch (Juli)
Wir machen Urlaub auf der herrlichen Insel Texel. Das ist eine von Gottes wundervollen Ideen, daß er uns Onkel Erich schenkte! Er leiht uns für drei Wochen sein Ferienhaus. Die Luft ist herrlich, und der Wind rüttelt uns tüchtig durch. Das Meer fasziniert mich.
Morgen bin ich in der 14. Woche. In mir ist ein Widerstreit von Gefühlen: Zum einen Freude darüber, noch einmal Mutter zu werden. Zum anderen arge Kraftlosigkeit, die sich sowohl körperlich als auch psychisch bemerkbar macht.
Sicher spielt dabei die Pubertät unserer Großen mit. Es strengt mich an, wie sie alles besser wissen, sich streiten, unzufrieden sind, an fast allem etwas zum Meckern finden. Die vielen ›gutgemeinten‹ Ratschläge von früher verfolgen mich jetzt fast wie Flüche: »Ihr werdet schon noch sehen, was ihr euch mit den Kindern einbrockt, wenn sie groß werden und eure Kräfte aufzehren und ihr nicht mehr könnt.« Und zu mir: »Wenn du in die Jahre kommst und dir die Kraft ausgeht, dann hast du immer noch so kleine ›Schreier‹ an dir hängen.«
Meine Kraft ist gering geworden. Ich merke, wie die Kinder von mir Ausgeglichenheit erwarten, aber ich bräuchte selber jemanden, der mir Verständnis entgegenbringt. Außerdem spüre ich, wie auch mein Mann von meinen Stimmungen beeinträchtigt ist.
Manchmal möchte ich einfach rufen: »Lebt und macht doch, was ihr wollt! Es ist mir egal!« – Aber genau das ist eine Lüge. Sie sind mir nicht egal. Sie sind ein Teil von mir. Und im Grunde schreien sie um Hilfe... nur falsch formuliert. Dieser Hilferuf ist oft schwer zu verstehen, weil er wie eine Forderung vorgetragen wird.
Mir ist das Leben zu schwer geworden. Ich möchte am liebsten ausbrechen. Manchmal alles hinter mir lassen. Nein, so hatte ich es mir wirklich nicht vorgestellt! Und doch bin ich festgebunden an mein Los. Dazu wächst dieses neue kleine Menschenkind in mir, das geliebt werden will, das mich auch braucht. Werde ich dazu die Kraft

haben? Wird es nicht, wie die Großen, eines Tages einfach nur fordern? Wellen von Angst gehen über mich und nehmen mir die Luft. Wie soll ich das schaffen?
Ich klammere mich an das Wort Jesu, daß ich mich nicht sorgen soll. Ein Tag ist genug (Matthäus 6, 34). Und den will ich leben, im Vertrauen auf ihn. Jesus ist bei mir. Und er geht mit. Und er ist für mich.

Am Meer

Am Meer geht der Blick ins Weite.
Es ist, als öffne man für die Seele ein Fenster.
Und nun ist sie frei vom Alltäglichen, Kleinkarierten.
Sie schwebt unbeschwert vom Begrenzten zum Unbegrenzten
geradezu über den Horizont hinweg in die Ewigkeit.

Mein Alltag scheint mir für Momente
weit fort,
die Tür ist aufgetan zu neuer Weite,
und ich begreife,
daß mein Gefängnis von mir selbst gebaut ist,
nicht vom Schöpfer.

Ich stehe hier zwar noch auf Erdenboden,
doch in mir ist der Geist,
den er gemacht,
und der ist frei.
Er ist so frei, daß er sich kann bewegen zu ihm hin,
weit über Raum und Zeit,
direkt zum Herzen meines Vaters,
der mich liebt.

Er hält mich,
fängt mich auf
und birgt mein kleines Erdenleben
mit allen Sorgen schwer
und allen, die ich liebe,
in seinen großen, ewgen Händen.

Tagebuch (Oktober)
Unser Kleines wächst. 7,1cm Brustumfang wurden im Ultraschall gemessen. Es ist ein kleines Wildes. Gelegentlich strampelt es nachts so sehr, daß ich davon aufwache und nicht mehr einschlafen kann. Dann spreche ich mit ihm, spiele und streichle es. Vielleicht will es manchmal einfach ein bißchen Zeit mit mir allein. Ich freue mich darauf, es bald in die Arme nehmen zu können, aber fühle mich so kraftlos, daß die Gedanken an die Geburt in mir Angst auslösen.

Tagebuch (Dezember)
Oft bin ich sehr erschöpft. Eigentlich bräuchte ich jetzt dringend die Mithilfe unserer großen Kinder. Die Pubertät, in der jetzt vier gleichzeitig sind, setzt mir sehr zu. Ich bin froh, wenn es einigermaßen friedlich zugeht. Vielleicht ist es gar nicht schlecht, daß sie ihre Wäsche selbst bügeln müssen. Ich darf mich nur nicht durch ihre schlechte Laune anstecken lassen. Weil ich sie so sehr liebe, bin ich in Gefahr, mir viel zu schnell Schuldgefühle machen zu lassen. Für Hans-Joachim ist es in vielem einfacher, mit ihnen umzugehen. Sie diskutieren weit weniger mit ihm als mit mir.

Tagebuch (Dezember)
Diese Geburt begann mit einem Blasensprung. Als ich mich im Bett aufsetzen wollte, drehte sich das ganze Zimmer vor meinen Augen. Kreislaufbeschwerden machten es mir schwer, die Treppe hinunterzukommen. Im Krankenhaus dauerte es noch drei Stunden, bis das Kleine geboren war. Junias kam in Steißlage zur Welt. Weil der Muttermund noch nicht genug geöffnet war, wollte das Köpfchen nicht nachkommen, obwohl die Beinchen schon draußen waren. So steckte das Kind im Geburtskanal. Es waren Momente von innerster Not. Sollte dieses Kind nun auch sterben, im letzten Moment vor der Geburt? Mit meinen Augen ›hing‹ ich am Kreuz, das über der Kreißsaaltür hing.

Gott war uns gnädig

Als mein Mann und ich schließlich im Zimmer mit Junias alleine waren, bestaunten wir unser Kind. Hans-Joachim bemerkte, daß das linke Ärmchen schlaff herunterhing. Was war los? Wird unser Kind diesen Arm je richtig benutzen können? fragten wir uns. Wie viel Schmerz geht durch meine Seele.

Tagebuch (Januar)
Die Kinder haben mit großem Jubel den kleinen Bruder in Empfang genommen. Es ist erstaunlich, mit welcher Selbstverständlichkeit er dazugehört, wie er gleich geliebt wird. An Zuwendung wird es ihm wohl nicht fehlen!
Mit großer Dankbarkeit zu Gott erleben wir, wie die Fingerchen sich bewegen und das Ärmchen ›zum Leben erwacht‹. Du großer Gott, wir danken dir!

Auf der nächsten Seite finden Sie eine Urkunde, zusammengestellt aus Glückwünschen, die wir zur Geburt von Junias erhielten.

Urkunde

Reaktionen zu dem unbeschreiblich Süßen:

Möge dieses Zeugnis hineinleuchten in unsere kinderfeindliche Umwelt!

Dieses Gnadengeschenk Gottes war schon vor seiner Geburt und seinem Eintritt in diese Welt umgeben von Liebe und Gebeten.

Er hat die sichere Zukunft, ein viel geküßtes Kind zu werden...

Süß wie eine Orange ... die zukünftige Stütze zweier Rentner ... Fischbacher Glück en Gros ...

großartig und wundervoll,
unerklärlich – einfach toll.

Bejaht und geliebt...

Schon die Geburtsanzeige ist die schönste, die ich je gesehen habe, ... wie muß das Kind erst sein!

Die Heilsarmee ist nun reich sonder Maßen..

Es war nicht der Storch. Gott hat den kleinen Umweg über den Leib der Mutter genommen, damit neues Leben werde, Licht in Dunkelheit!

Ruth Heil

Tausende starben vor mir, bevor sie
überhaupt geboren waren –
Tausende werden nach mir sterben

– weil man meint, keine Kraft für
mich zu haben
– weil das Haus zuerst fertig gebaut
werden muß
– weil meine zwei Geschwister schon
vor mir da waren
– weil die Leute dumm reden
– weil mein Freund mich sitzen ließ.

Ich darf leben!
– obwohl ich das zehnte in der Geschwisterreihe bin
– obwohl wir nicht sehr viel Platz haben
– obwohl wir in Miete wohnen
Ich werde von allen
sehr geliebt!
Und ich soll arm
sein?
Nicht zuletzt:
GOTT HAT MICH ERSCHAFFEN.
ER hat mich gewollt.
Wenn ER schon für die Spatzen sorgt,
sollte ER nicht auch mein Leben in der Hand halten?

Ein Kind – meines – nein, unseres

Ich bin alt – fast 44 gar –
viel zu alt für ein Kind –
ein Risikofaktor für die Gesellschaft …
WILL ICH ES – ODER WILL ICH ES NICHT?
Das ist die Frage nicht!
Will Gott es – das ist jetzt dran –
UND ER WILL!
Und was ER gibt, dazu schenkt ER Kraft!

Viele habe ich schon geboren
und liebe sie alle.
Nun gibt man uns Stempel:
Verrückt – zu dumm – selber schuld!
Doch der Stempel gilt ihnen selbst.
Er heißt: Ich war ungewollt –
und ein Kind, das heißt:
Last – Beschränkung – Verzicht.

bitte weiter auf der nächsten Seite →

Ein Kind – meines – nein, unseres:

Ein jedes ward mir zum Segen!
Ich lernte Geduld
Lasten tragen
und zuhören,
mich selbst besser kennen
und teilen.
Und ich wurde nicht arm!
Im Geben wurde ich reicher!

Ein Kind – von Gott uns gegeben!

RH 1990

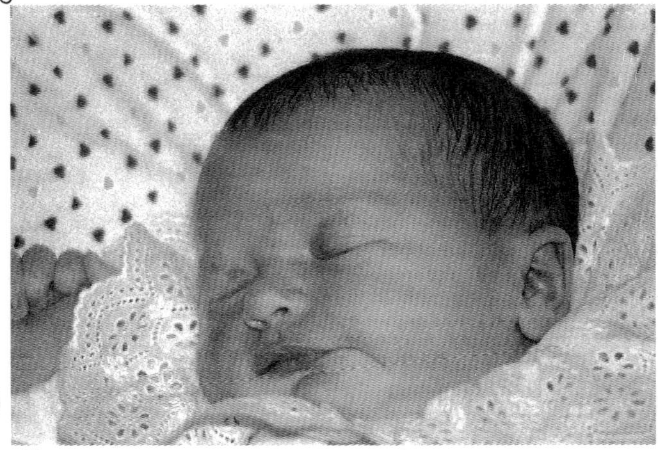

Tagebuch

Junias ist nun schon 1 Jahr und 8 Monate alt, ein goldiger Sonnenschein! Diese Gedanken gingen heute durch meinen Kopf, als der kleine Kerl an meiner Seite die Treppenstufen hinunterhopste:

Meinem ›Herzele-Bobbele‹

Mich küssend auf die Hand,
hüpft er mit mir die Treppe runter,
schaut zu mir auf,
freut und begeistert sich.
Aus seinen Augen lacht das reine Leben.
›Ich liebe dich‹, sagt er,
verliebt schaut er mich an.
Und ich fühl' mich geborgen,
angenommen und begehrt,
einmalig und verwandelt.

Du Kinderblick,
wer könnte dich bezahlen,
durch irgend etwas auf der Welt ersetzen?
Was ist dagegen Einfluß, Name, Berühmtsein oder Geld?

Du kamst so unverschämt schnell in mein Leben,
als ich mich krank und kraftlos,
sogar alt einstufte, unfähig, noch ein Leben zu begleiten.

Da wurdest du – ich spürte dich!
Und endlich dann lagst du in meinen Armen!
Erschöpft und dankbar küßt' ich dein Gesicht.
Du Glück von späten Eltern, schrieb man uns.

Zu einer Zeit kamst du,
als ich geheilt war von Begeisterung
um Kinderlachen,
wo ich bemerkte, daß Lachen aufhört …
Verletzung auf die Liebe folgt
und Ärger das einst Schöne zu verdunkeln sucht.

Ich wollte mich nicht neu den Kinderaugen stellen,
weil ich die Zunkunft ahnte . . .

Mein Gott, du großer Gott,
jetzt würd‹ ich's wieder wollen!

Das, was du bist, mein Kind,
das übersteigt doch jeden meiner Träume!
Du bist es wert, daß ich lebe,
egal, was später kommt.
Das Jetzt ist so erfüllend,
daß sich dafür sogar Enttäuschung lohnt.

Schlußwort

Nach Junias wurde ich noch einmal schwanger. Ich bin sicher, daß es ein Junge gewesen war. Aber Gott hat es gefallen, ihn wieder, bevor ich ihn in die Arme schließen konnte, zu sich zu nehmen. Wir gaben diesem kleinen Schatz den Namen Johannes. Hans-Joachim schenkte mir wieder eine Plastik von Dorothea Steigerwald. Sie zeigt ein Geschwisterpaar: Bruder und Schwester. Es ist gut, daß ich sie berühren kann. Manchmal streichle ich den beiden über den Kopf. Da ist die Vorfreude in mir, ihnen eines Tages zu begegnen.

Tagebuch
Seit der letzten Fehlgeburt habe ich einige Pfunde zugenommen. Es ist, als wolle der Körper meiner Seele den Gegenbeweis liefern: Das Kind ist noch da. Sicher ist das jetzt auch die Folge der sich verändernden Hormone. Vielleicht will ich mich auch mit Gewicht umgeben, um nicht so verletzbar zu sein. Es ist nicht einfach, damit zu leben, zumal ich öfter gefragt werde, ob ich schwanger sei.

Lernen durch Leid

Die Fehlgeburten haben mich sensibel gemacht für Frauen, die ähnliches erlebt haben. Ich merke, wie wenig Verständnis die Umwelt für solch ein Geschehen hat. Die meisten Menschen können damit nicht umgehen. Vielleicht muß man durch manche Leiderfahrung gehen, um zu begreifen, was andere empfinden.

Durch die Fehlgeburten bin ich aber auch für Menschen nach Abtreibung sensibiliert worden. Ich kann erahnen, welche Qualen sich in den Seelen dieser Frauen abspielen, wenn ihnen eines Tages bewußt wird, daß sie selbst die Verursacherin des Todes ihrer Kinder waren. ›Werde ich mein Kind wiedersehen?‹, fragte mich eine Frau voller Angst. ›Und wird es mir dann Vorwürfe machen, daß es nicht leben durfte?‹ Ich konnte ihr die Vergebung zusprechen im Namen Jesu und ihr sagen, daß sie ihr Kind sehen wird. ›Das Blut Jesu löscht all unser Versagen aus.‹
Dieser Gott, der mit Schuld und Versagen so ganz anders umgeht als wir Menschen, macht auch mich fähig, in Hoffnung weiterzuleben. Er hat uns nirgends zugesagt, daß er alle Schwierigkeiten aus dem Weg räumen wird. Aber Jesus hat verheißen, alle Tage mit uns zu gehen (Matthäus 28,20), wenn wir das wollen.
Ich merke, wie Gott die schmerzvollen Erfahrungen meines Lebens gebraucht, damit ich andere Menschen verstehen kann.
Ich wünsche mir, daß ich mit dem Älterwerden auch reifer werde für Gottes neue Welt.

Ruth Heil

Hans-Joachim und Ruth Heil mit ihren Kindern

Fragen, die mir häufig gestellt werden

Wollten Sie schon immer so viele Kinder haben?
Ich hatte mir immer viele Kinder gewünscht, mein Mann jedoch dachte eher an ein bis zwei Kinder. Als wir dann fünf Kinder hatten, fühlte ich mich sehr ausgelaugt. »Vielleicht ist das das Zeichen, dass wir doch genug Kinder haben«, sagte ich zu meinem Mann.
»Zuerst war ich ja skeptisch«, meinte er, »wie das mit den vielen Kindern werden würde. Nie hätte ich für möglich gehalten, dass man das finanziell verkraften kann. Nun staune ich, dass es funktioniert, und sehe darin Gottes Hand. Meinst du nicht, er wird uns auch mit weiteren Kindern durchhelfen?«
Nach einem Pflegekind, das wir später adoptierten, vertraute Gott uns noch weitere fünf Kinder an. Heute kann ich nur sagen: Gott hat uns auf wunderbare Weise bis heute versorgt. Jedes unserer Kinder ist ein besonderes Geschenk, wenn auch manche davon sehr anstrengende Gaben sind.

Wie viele Kinder haben Sie heute?
Zehn Kinder habe ich geboren. Eines hat Gott uns durch Pflegschaft und Adoption dazu geschenkt. Wir haben also elf Kinder.
Sieben Kinder kamen in Steißlage zur Welt. Zwei durfte ich zu Hause gebären. Leider hat Gott zwei unserer Kinder, die wir gerne auch in unseren Armen und in unserer Familie gehabt hätten, durch Fehlgeburten in der zehnten und zwölften Woche wieder zu sich genommen.

Sind Ihre Kinder alle von demselben Mann?
So werde ich manchmal gefragt. Dann antworte ich mit einem Schmunzeln: »Ich bin mir nicht ganz sicher, ob es derselbe Mann ist, den ich heiratete. Er sah damals ein wenig anders aus, er war nicht

so gelassen wie heute, er hatte damals auch noch keine Kinder. Und ich habe ihn inzwischen auch nicht ausgetauscht! Er ist heute besser als je zuvor.«

Hatten Sie immer Kraft, wenn Sie schwanger wurden?
Ich hatte sie nie im Voraus. Oft hatte ich den Eindruck, es sei nicht zu schaffen. Und doch war immer wieder so viel Kraft da, wie ich gerade brauchte, wenn manchmal auch nur knapp. Häufig fühlte ich mich überfordert.
Trotzdem empfanden mein Mann und ich große Freude und Dankbarkeit, dass Gott uns mit Kindern segnete.

Hatten Sie leichte Schwangerschaften und Geburten?
Nur ein Kind kam ganz unproblematisch und sehr schnell zur Welt. Ich konnte selbst gar nicht richtig fassen, dass es schon geboren sein sollte. Bei allen anderen Kindern war die Geburt kein Kinderspiel. Besonders die Kinder in Steißlage machten mir schwer zu schaffen. Bei unserem letzten Kind war der Muttermund noch nicht weit genug geöffnet, als die Presswehen begannen. Diese Geburt kostete uns beide beinahe das Leben. Aber Gott hat uns in seiner Liebe noch einmal das Leben geschenkt.
Die Schwangerschaften senkten meinen ohnehin niedrigen Blutdruck, sodass ich mich oft sehr schwach fühlte. Das Aufstehen am Morgen war immer die erste Hürde, die ich überwinden musste. Dazu kamen Übelkeit und starke Gewichtszunahme. Nein, unproblematisch war das alles nicht. Sieben unserer Kinder kamen in Steißlage zur Welt.

Wie reagierte die Umwelt auf die häufigen Schwangerschaften?
Die Hebamme im Krankenhaus, die mich schon kannte, begrüßte mich oft eher mit Entsetzen als mit Freude, etwa in dem Stil: »Sie sind doch nicht schon wieder da?!« Und im Bekanntenkreis bekamen wir Warnungen und Hinweise, dass jedes Kind einen Zahn koste, bis dahin, dass wir eine Verantwortung vor Gott hätten.
»Mit vierzig wirst du am Stock gehen, und sie werden dir die Haare vom Kopf gefressen haben ...«
Oder auch: »Denkt doch an eure armen Kinder, die kommen doch alle zu kurz.«

Einmal fuhren wir zum Baden an einen See und wollten gerade aus unserem Bus aussteigen, als mich ein Mann mit sichtlicher Bewunderung ansprach: »Leiten Sie ein Waisenhaus?« Als ich fröhlich antwortete, dass die meisten davon meine Kinder seien, schlug die Stimmung in Beschimpfung um: »Wohl noch nie was von Verhütung gehört! Wollen Sie die Welt allein bevölkern? ...«
Allerdings erlebte ich auch, wie ein älterer Herr seinen Hut vor mir zog, um seine Anerkennung zu zeigen.

Hatten Sie immer jemanden, der Ihnen half?
Leider waren wir mit den Kindern oft auf uns gestellt. Aber trotz vieler eigener Arbeit kam meine Mutter immer wieder und packte mit an. Noch heute bedanke ich mich bei ihr für alle geflickten Kleider, ihr Bügeln und Mitdenken auf vielerlei Weise.
Manchmal hatten wir auch eine Haustochter, die für einige Zeit bei uns wohnte. Dabei lernten wir liebe Menschen kennen, die z. T. später Paten unserer Kinder wurden. Mit einigen Menschen machten wir auch schwere Erfahrungen. Über manches können wir jetzt lachen, anderes erschüttert uns bis heute.

Wie kamen Sie finanziell zurecht?
Das ist für uns bis heute ein einziges Wunder. Sicher waren viele Dinge nicht möglich, die für andere Familien selbstverständlich sind, etwa das Ausgehen zum Essen, aufwändige Reisen, tolle Geräte, eine Superwohnung.
Eine unserer Töchter sagte als Erwachsene einmal Folgendes: »Wer als Kind und Teenager mit wenig Geld aufwächst und damit auskommen lernt, wird später im Leben immer durchkommen.«
Jesus Christus erinnert uns daran, dass Gott unser Vater ist und uns versorgen will. Er weist uns darauf hin, dass Gott selbst für die Spatzen sorgt. Um wie viel mehr wird er auch für uns und unsere Kinder sorgen.
Ein Geheimnis, finanziell zurechtzukommen, ist das Geben des Zehnten des Einkommens, unabhängig davon, ob es reicht oder nicht. Auch unsere Kinder haben bewegende Erfahrungen damit gemacht. Wer hergibt, der empfängt immer neu.

Gingen Ihre Kinder auf besondere Schulen?

Je nach Begabung versuchten wir unsere Kinder zu fördern. Manche wollten gar nicht studieren. Eine Tochter wurde z. B. Bäckerin. Eine andere ging zur Hauptschule, weil sie sich durch den ständigen Lehrerwechsel irritiert fühlte, den es in anderen Schularten gibt. Mit über 20 machte sie dann als Beste ihr Abitur nach, nur um sich selbst zu beweisen, dass sie das Zeug dazu hatte.

Eine andere Tochter wollte unbedingt zur Realschule. Später holte sie ihr Abitur nach und ist heute Tierärztin. Ein anderes Kind hatte einfach keine Lust, mehr als die Hauptschule zu absolvieren. Doch dann wollte es die zehnte Klasse besuchen, hatte dann Freude weiterzumachen und studiert inzwischen.

Heute weiß ich, dass jeder Mensch irgendeine Fähigkeit hat, die nicht unbedingt in ein Schulsystem hineinpasst. Wir sollten als Eltern motivieren, aber die Kinder nicht permanent überfordern. Das Leben zu meistern, ist viel wichtiger, als Karriere zu machen.

Lernte jedes Kind ein Instrument?

Ja! Alle unsere Kinder waren in einem bestimmten Alter begeistert davon, ein Instrument zu erlernen. Wir hatten Gitarre, B-Horn, Posaune, Flöte, Klavier, Schlagzeug. Jedes hatte eine andere Leidenschaft, zumindest in der Anfangszeit. Doch wer einmal damit begann, musste das durchziehen, bis er 16–18 Jahre alt war. Die Stunden mussten besucht werden, wenn später auch nicht immer mit Begeisterung.

Heute sind alle Kinder dankbar dafür. Viele haben in der Ferne beim Musizieren ihr Heimweh verarbeiten können oder sich irgendwo mit ihrem Instrument eingebracht.

Gibt es ein schwarzes Schaf in Ihrer Familie?

Fast immer haben wir in der Familie ein schwarzes Schaf. Manchmal fühle ich mich selbst als ein solches, wenn ich durch Zeiten gehe, in denen ich mich selbst nur schwer ertragen kann. Das Klimakterium brachte mich manchmal in solch ein Gefühlsdurcheinander, dass die anderen, meine Kinder und mein Mann, es sicher nicht leicht mit mir hatten. Auch viele unserer Kinder gingen durch die Schwarzschafphase, in denen sie Monate oder Jahre unausstehlich, aufsässig, vorwurfsvoll und aggressiv waren.

Wunderbarerweise gingen bei fast allen diese Zeiten wieder vorbei. Gerade einige einst schwierige Kinder sind heute als Erwachsene unsere große Freude. Eine erwachsene Tochter äußerte neulich: »Ich bin mir nicht so sicher, ob ich einmal Kinder will.«
Auf meine Frage nach dem Warum, meinte sie zugleich ernst und lachend: »Wenn ich mir vorstelle, dass nur eines so würde, wie ich einmal war, wird mir angst.«

Haben Sie eine Gemeinde?

Über viele Jahre gab es eine amerikanische, lebendige Gemeinde hier. Dort wurden unsere Kinder und Teenager immer herzlich aufgenommen. Ich erinnere mich an einen Sonntagmorgen, als wir zum Gottesdienst gehen wollten und eine Teenagertochter gerade aus dem Haus eilte. Sie hatte sich schrecklich zugerichtet mit bunt gefärbtem Haar, einem zu kurzen Rock und Stöckelschuhen, in denen sie kaum laufen konnte. Mein Mann und ich saßen schon im VW-Bus und schauten uns an. Wir wussten, dass, sollten wir sie zum Umziehen wieder ins Haus schicken, sie nicht mehr mitgehen würde. So betete ich still: »Herr, blende allen jungen Männern die Augen.« Ich staunte nicht schlecht, mit welcher Liebe der Pastor sie begrüßte. Sie ist heute als Erwachsene immer noch im Glauben. Ich wünsche mir in den Gemeinden viel mehr Liebe den Teenagern gegenüber.
Leider gibt es hier keine Jugendarbeit mehr. Ich würde den Wohnort danach wählen, ob dort eine gute Arbeit für Kinder und Jugendliche angeboten wird. Denn im Teenageralter werden die Kinder nochmals bedeutend fürs Leben geprägt.

Sind Ihre Kinder alle im Glauben?

Die meisten unserer Kinder gehen ihren Weg mit Gott. Das macht uns unendlich froh. Leider wurden einige Kinder von Christen so schwer enttäuscht, dass sie mit Gott nichts mehr zu tun haben wollen. Das ist sehr schmerzlich für uns.

Wie stark haben Sie Ihren Kindern den Glauben vorgelebt und sie dazu motiviert?

Es war mir ein Bedürfnis, den Kindern von Jesus Christus zu erzählen, der mein Leben so reich gemacht hat. Wir lernten Bibelver-

se auswendig, ebenso auch Psalmen. Ich wusste aus eigener Erfahrung, wie gerade Psalmen in Notzeiten eine Hilfe zum Gebet sein können.
Mit den Kindern über Gott reden, heißt, ihnen einen Verbündeten zu zeigen, der stärker ist als die eigenen Eltern und der überall mit ihnen geht, auch dahin, wo die Eltern nicht dabei sein können. Kinder mit Gott bekannt zu machen, macht sie stark, wenn sie wissen: Mit ihm darf ich alles besprechen, er versteht mich.
Wir dürfen als Eltern aber nicht mit Gott drohen. Etwa: Der liebe Gott sieht alles. Oder: Du musst mir jetzt alles bekennen, was du heute verkehrt gemacht hast. Gott ist keine Geheimpolizei, die alles überwacht.
Wir sind die Erziehungsbeauftragten, und wir sollten Gott nicht als Erziehungshilfe benutzen!
Abends am Bett ist die beste Zeit, mit den Kindern zu sprechen und alles, was sie bewegt, zum Herrn Jesus zu bringen. Beten lernt man durch Beten. An jedem Bett saß ich über viele Jahre, um dort auch jedem Kind einzeln zu zeigen, dass es wichtig und einmalig ist. Bei manchen fiel dann zunächst das Lied weg. Andere wollten schließlich kein Gebet mehr. Aber kommen sollte ich noch, um anzuhören, was sie bewegt. Ich habe das akzeptiert, weil Gott nur Freiwillige will. Doch wenn sie danach schliefen, stand ich an ihrem Bett und segnete sie leise. Die Zeit mit kleinen Kindern heißt: Mit ihnen über Gott reden. Die Zeit mit großen Kindern: Mit Gott über die Kinder reden. Alles hat seine Zeit.

Ich lernte von den Kindern viel über Gott:

Parkplatzerlebnis

Da gab es jenes Parkplatzerlebnis – das gab es öfter –, bei dem ich Gott laut anflehte, uns einen Parkplatz zu verschaffen. Gleich darauf fuhr der Wagen direkt vor uns heraus. »Jetzt aber los!«, spornte ich die Kinder zum Aussteigen an, als wir standen. »Wir haben Gott noch nicht Danke gesagt«, kam da vom hinteren Sitz eine Stimme.

Die vereiste Straße

Ein Tag nach den Weihnachtsferien stieg abends an einem Bett ein heißes Gebet auf: »Herr Jesus, kannst du bitte machen, dass morgen Glatteis ist?« Nach dem Gebet erklärte ich dem Kind, welches Privileg es ist, zur Schule gehen zu dürfen und dass jetzt doch reichlich zwei Wochen Ferien gewesen seien. Morgens waren die Straßen vereist. Die Busse fuhren nicht. »Siehst du, du hast einmal gesagt, man darf dem Herrn Jesus alles sagen. Und jetzt hat er mein Gebet erhört.« Ich lernte aus diesem Erlebnis, dass ich beim Gebet nicht für mein Kind sortieren muss. Das regelt der Herr schon selbst. Und ich selbst lernte einmal mehr, ihm viel kindlicher alle meine Wünsche und Nöte zu sagen.

Vorlesen und vorleben
Biblische Geschichten, aber auch Erlebnisse, die Menschen mit Gott haben, waren meine Lieblingsvorleselektüre. Am meisten liebten die Kinder erfundene Geschichten, in denen dann auch ihr eigener Name vorkam.
Viel Freude bereitete uns das gemeinsame Singen und Musizieren, vor allem, bevor die ersten Kinder in die Teenagerzeit kamen.
»Du brauchst dich gar nicht so anzustrengen mit der Erziehung«, sagte jemand. »Die Kinder werden dir ohnehin alles nachmachen.« Vorleben ist sicher am wichtigsten. Wenn unsere Kinder merken, wie wir aus dem Wort Gottes Kraft bekommen, wird es auch ihnen wichtig werden.

Wie gehen Ihre Kinder damit um, dass Sie andere Menschen beraten?
Grundsätzlich sind sie dafür. Manchmal wird es ihnen auch zu viel, weil oft nur wenig Freiraum für die eigene Familie bleibt. Da sich Privates und Dienstliches bei uns in einem Haus abspielt, kommen Menschen oft in die ungünstigsten Momente hinein. Manchen von ihnen fehlt das Taktgefühl. Viele Christen haben die Vorstellung, man müsse für sie Zeit haben, sobald sie meinen, es zu brauchen. Manche bedrängen unsere Kinder auch am Telefon so sehr, sie mit uns zu verbinden – obwohl wir überhaupt nicht im Hause sind –, dass unsere Kinder gelegentlich ganz sauer auf unsere Arbeit sind.

Hatten Sie immer genug Wohnraum?
Wir wohnten zu Anfang sehr beengt. Jahre später schenkte uns Gott

die Möglichkeit, in größere Räumlichkeiten umzuziehen. Ich habe den Eindruck, dass Kinder, die manches entbehren müssen, sich im Leben besser zurechtfinden. Sie haben gelernt, einzuteilen und zu sparen. Eines unserer größeren Kinder meinte einmal: »Lieber als Kind weniger haben und später mehr. Dann lernt man unterscheiden, was man wirklich will und was wichtig ist.«

Was machten Ihre Kinder, wenn sie in der Mode nicht mithalten konnten?

Bei unseren ersten Kindern waren wir wirklich arm. Ich bemühte mich zwar, sie schick anzuziehen. Doch später sagten sie mir, dass sie gehänselt worden seien. Sie hätten es mir nur nicht erzählt, damit ich nicht traurig darüber wäre.

In den Jahren danach bekamen wir wunderschöne Kleidung geschenkt. Aber die Kinder sparten sich für besondere Kleidung oder Schuhe, die sie sich sehnlichst wünschten, auch all ihr Geld, samt Geburtstagszugaben zusammen, nur um ein oder zwei Lieblingshosen oder Schuhe zu kaufen, die sie dann auch fast Tag und Nacht trugen. Warum eigentlich nicht? Das sparte viel Platz im Schrank.

Wie ging es den Kindern, wenn in Schule und Gruppen ihre Geschwisterzahl bekannt wurde?

Manche Kinder waren neidisch. Wenn Kinder bei uns zu Besuch waren, wollten sie oft bleiben, schon deshalb, weil wir immer viele Tiere hatten.

Aber es gab auch abfällige Bemerkungen. So kam einer unserer Jungs eines Tages auffällig still nach Hause. Nach langer Zeit kam es aus ihm heraus: »Mama, bin ich ein Kondomabrutscher?« Das hatte ein Junge in seiner Klasse geäußert, als er von den vielen Geschwistern gehört hatte.

Ich nahm mit dem Jungen und dem Lehrer Kontakt auf. Die Sache führte noch zu einem erfreulichen Ende. Unser Sohn bekam einen Freund!

Erlaubten Sie den Kindern Tiere?

Ursprünglich wollte ich keine Tiere, grundsätzlich nicht. Es gab eigentlich genug Arbeit. Doch mit einer Katze, die kurz vor dem Eingehen war, fing dann unsere Tiersaga an. Wir entdeckten, wie gut unseren Kindern Tiere halfen, Schwierigkeiten und Traurigkeiten zu bewältigen. Und dass es ihnen half, die Notwendigkeit der alltäglichen Pflichten zu verstehen. Ein sauberes Bad machte für sie weniger Sinn als ein Vogel, der versorgt werden muss, weil er sonst verhungert, und dessen Käfig gesäubert werden muss, damit er nicht krank wird. Die Kinder lernten, dass Regelmäßigkeit sein muss, auch wenn man keinerlei Lust dazu verspürt.

Und ich musste lernen, mich durch ihr Motzen nicht zwingen zu lassen, die Arbeit selbst in die Hand zu nehmen, sondern konsequent zu sein und ihnen diese Sache zuzumuten.

Heute sind die meisten unserer Kinder überallhin verstreut. Dafür durften wir ihre Tiere behalten und versorgen!

Waren Sie als Mutter immer konsequent, waren Sie sich als Ehepaar immer einig in der Erziehung?

Wir können als Erzieher viele Schwächen haben. Zwei davon sind sehr häufig. Einmal kann ein Elternteil so mitfühlend sein, dass er sich ins Kind hineinversetzt und ihm fast alles erlaubt. Dazu gehöre ich. Diese Art der Liebe setzt keine Grenzen. Das Kind wird zum Mittelpunkt, und das schadet ihm und später auch anderen.

Die andere Schwäche ist, dass jemand meint, absolut konsequent sein zu müssen, damit das Kind keinen Schaden leidet – und dabei alle Gefühle außen vor lässt. Dabei fehlt oft das Zeigen von Zuwendung. Alles wird zwar »richtig« gemacht, aber es gibt keinen Spielraum, und das Leben wird todernst.

Konsequenz ist unendlich wichtig. Das Kind weiß dann, ich kann mich auf das Wort des Vaters/der Mutter verlassen, und zwar im Guten wie im Schlechten. Das gibt Sicherheit. Das ist bei uns eher die Art meines Mannes.

Aber ohne Liebe und Zuwendung verkümmert der kleine Mensch. Schwierig wird es besonders dort, wo Mann und Frau aus Elternhäusern mit unterschiedlichen Erziehungsstilen kommen und sich gegenseitig die Kompetenz absprechen. Wer unter seiner Erziehung gelitten hat, wird versuchen, es besser zu machen, und überzieht dabei häufig. Wir brauchten eine ganze Zeit, bis wir als Eltern herausfanden, einander auch gegenseitig Erziehungsfreiräume zuzugestehen. Heute sehe ich, wie wir uns sehr gut darin ergänzen konnten.

Die Kinder nutzten früher unsere Uneinigkeit aus, ohne darüber

besonders glücklich zu sein. Kinder wollen ihre Eltern eigentlich in Harmonie erleben.
Für mich gilt heute:
Erziehen, d. h. sprechen und handeln, als ob alles Beten nichts nützt.
Beten, als ob alles Erziehen nichts nützt.
Gott alles zutrauen, auch das Unmögliche.

Gab es unter den Kindern Rivalität?
Bei Rivalität unter den Kindern geht es um eine gewisse Stellung in der Geschwisterschar, die jeder auf seine eigene Weise erkämpft. Der eine arbeitet da mit Muskelkraft (Kämpfe der Jungs untereinander), der andere mit spitzen Bemerkungen (oft bei Mädchen untereinander oder bei solchen, die nicht so viel körperliche Kraft haben). Bei Teenagern innerhalb der eigenen Familie können da heftige Ablehnungskämpfe stattfinden. Bei uns waren es besonders einer unserer Jungen, der sich durch eine Tochter so angegriffen fühlte, dass er sie immer wieder schlug. Wir sprachen oft mit den beiden, vermittelten, baten die Tochter, die spitzen Bemerkungen zu lassen, versuchten den Sohn zu motivieren, sich nicht darauf einzulassen. Es half immer nur über eine kurze Zeit. Wir konnten als Eltern nicht aus dem Haus gehen, wenn die beiden da waren.
Heute sind beide verheiratet. Sie besuchen sich gegenseitig und hängen regelrecht aneinander.
Vielleicht gibt es bei Kindern, die sich ursprünglich sehr nah waren, solche Phasen, damit es nicht zu falschen Verknüpfungen in der Teenagerzeit kommt. Will Gott vielleicht dadurch verhindern, dass sexuelle Gefühle füreinander erwachen? Man lebt ja auf engem Raum zusammen.

Schwierigkeiten gibt es natürlich auch, wenn zwei Mädchen in denselben Jungen verliebt sind! Dann kann es schon zu tränenreichen Auseinandersetzungen kommen.

Eine große Geschwisterschar regt dazu an, sich zu profilieren. Der Einzelne entwickelt innerhalb der vielen seine besondere Begabung mehr. Viele bedeutende Persönlichkeiten sind aus großen Familien hervorgegangen.

Kommt das einzelne Kind nicht zu kurz in solch einem Kinderhaufen?

Unsere Kinder haben das unterschiedlich erlebt. Es gibt eine Tochter, die sich nichts sehnlicher wünschte, als ein Einzelkind sein zu dürfen. Da ist es natürlich gut, wenn man selbst eine große Familie hat oder eine Patentante diesen Wunsch wenigstens ab und zu am Wochenende realisieren kann, wenn das Kind bei ihr allein zu Besuch sein darf.

Später war es für diese Tochter aber herrlich, ein Jahr in den USA bei ihrer großen Schwester zu verbringen, etwas, was wir ihr sonst nie hätten ermöglichen können. Heute bezeichnet sie ihre Schwestern als ihre besten Freunde.

Eine große Geschwisterschar schafft Verbundenheit. Man hat Auswahl. Es gibt Lieblingsgeschwister. Und da Kinder mit ihren Problemen stärker mit den Kindern verbunden sind, die ähnliche Nöte haben, können sie sich gegenseitig oft besser trösten, als Eltern dies könnten. Kinder mit vielen Geschwistern haben sicher ihre Eltern nicht so viel oder oft für sich alleine wie Einzelkinder, aber dafür haben sie ihre Geschwister.

Die wichtigsten Dinge unserer Kinder wurden mir von den anderen Geschwistern zugetragen. Sie informierten mich über Liebeskummer und Schwierigkeiten, sodass ich jeweils eingreifen konnte, ohne dass ich preisgeben musste, woher ich das wusste.

Wo ich als Mutter sicher manchmal falsch handelte, war, dass ich den angepassten Kindern mehr zumutete als denen, die sich auflehnten. Wenn man mit einem Kind zuerst zehn Minuten verhandeln muss, bevor es eine Zehn-Minuten-Arbeit übernimmt, fragt man eher das Kind, das dazu bereit ist. Mir bekannte eine erwachsene Tochter im Nachhinein, dass sie ihre kleineren Geschwister damals bewusst nachlässig hütete, damit ich ihr diese Aufgabe nicht mehr auftragen würde.

Was sagte Ihr Gynäkologe, wenn Sie wieder schwanger wurden? Und was sagt er heute?

Früher warnte mich mein Arzt oft. Er sagte mir: »Mit 50 werden Sie eine alte, verbrauchte Frau sein. Ihre Knochen machen das nicht mit. Achten Sie doch mehr auf sich!«

Bei der letzten Untersuchung meinte der jetzige Arzt: »Ich kann das gar nicht naturwissenschaftlich erklären, dass an Ihnen alles noch so unverbraucht wirkt. Da muss es doch eine Erklärung dafür geben!« Ich antwortete: »Man muss zum Chef der Naturwissenschaft gehen. Der hat gesagt: Kinder sind ein Segen. Offensichtlich steht er dazu.«

Ging mit dem Adoptivsohn alles gut?
Das war meine schwerste »Geburt«. Er kam erst mit fast elf Jahren zu uns. Zu diesem Zeitpunkt hatte er schon sechs Pflegestellen hinter sich und war psychisch gestört. Es war schwer für die ganze Familie. Aber dieser Junge wollte unbedingt zu uns gehören.

Würden Sie wieder adoptieren?
Ja, aber nur dann, wenn Gott uns wieder ganz klar so führen würde.

Meinen Sie heute, dass Sie alles richtig gemacht haben?
Nein! Vieles würde ich heute anders regeln. Doch damals handelte ich meiner Erkenntnis gemäß. Wir werden immer nur das umsetzen können, was wir zu dem jeweiligen Zeitpunkt für uns selbst als richtig empfinden.
Ich würde z. B. nie wieder ein Kind unter drei Jahren in den Kindergarten schicken. Kinder brauchen mindestens drei Jahre, um die innere Sicherheit zu haben, dass die vertrauten Menschen ihnen nicht verloren gehen, wenn man von ihnen getrennt wird. Manche Kinder haben in den ersten drei Jahren dieses Urvertrauen gefestigt. Andere Kinder brauchen länger dazu. Es hängt von den jeweiligen Erlebnissen des Kindes ab, aber auch von seiner Veranlagung, ob es mutig oder ängstlich ist. Ich würde heute kein Kind mehr in den Kindergarten zwingen, um es weinend jemandem anzuvertrauen, zu dem zwar ich Vertrauen habe, mein Kind aber noch nicht.
Ich würde so lange dabeibleiben, bis mein Kind sich in der neuen Umgebung zurechtfindet. Außerdem würde ich stundenweise beginnen und dies später steigern.
Alles in allem würde ich mit unseren Kindern noch viel mehr Zeit verbringen.
Unsere letzten Kinder haben es am besten. Bei ihnen kennen wir

uns aus, können einschätzen, wo wir Dinge einfach laufen lassen können, nehmen vieles nicht mehr so ernst. Allerdings spüre ich, dass es einmal sehr schwer werden wird, die beiden Letzten loszulassen. Unser Leben war immer von Kindern belebt und umgeben. Aber jedes Kind hat ein Recht auf sein eigenes Leben.
Kinder sind in der Ehe das Wertvollste, was Gott uns anvertraut hat. Wer ein Kind prägt, arbeitet an der Zukunft mit. Mütter sollten sich ihrer Stellung bewusst sein. Sie sind, mit den Vätern zusammen, die wichtigsten Leute im Staat.

Wie denken Sie heute über Erziehung?
Früher meinte ich zu wissen, wie Erziehung geht. Ich sah an anderen Menschen, was sie meines Erachtens falsch machten. Sicher war ich darin, dass ich vieles anders und besser machen würde. Theoretisch etwas zu wissen, genügt nicht. Was wir selbst erleben, können wir viel besser einordnen.
Wir bekamen selber Kinder, und ich merkte, wie schwer es war, konsequent zu sein, wenn man sein Kind so sehr liebte. Mein Mitfühlen in die kindliche Psyche ging so weit, dass ich mich ständig überforderte. Und aus der Überforderung heraus reagierte ich dann oft ungehalten. Bei jedem Kind lernte ich dazu.
Was ich über Erziehung denke? Dass unsere Kinder später mehr oder weniger das Leben führen werden, das wir ihnen vorgelebt haben. Sicher nicht gleich. Manche Kinder gehen durch harte Phasen der Ablösung in der Pubertät und auch danach. Gerade in diesen Zeiten zählen die Eindrücke von außen mehr als die alten Werte der Ursprungsfamilie. Doch häufig kehren die jungen Menschen ins Familienmuster zurück, wenn sie selbst Kinder haben. Deshalb spricht unser gelebtes Vorbild lauter als jede Erziehungsmethode, die wir wählen.
Diese Pubertätsprägephase braucht Vertrauensverhältnisse zu anderen Erwachsenen, die durch die Eltern zuvor liebevoll gelenkt wurden. Denn in dieser Zeit ist den jungen Menschen die Meinung von außen wichtiger als die Meinung der eigenen Eltern, und viele können sich den anderen leichter anvertrauen als Vater und Mutter, und deshalb auch deren Rat annehmen.
Wenn ich heute über Kindererziehung spreche, weiß ich, dass ich durch unsere Kinder viel mehr erzogen wurde, als sie durch mich.

Ich lernte von ihnen Ursprünglichkeit und Echtheit, fröhlichen Übermut, übte neu das Vertrauen ein, dass man Gott um alles bitten darf.
Aber ich begriff auch, dass ich ohne die Hilfe Gottes verzweifle und resigniere. Dass ich seine Kraft brauche, um die Entwicklung der Kinder auszuhalten, sie loszulassen auf eigene Wege – manche, die mir Angst einflößten und noch heute Not bereiten, wenn ich meine Kinder in Schwierigkeiten sehe, die ich nicht lösen kann. Ich lernte und lerne immer noch dazu, eine Beterin zu werden.

Einheit als Ehepartner
Eine unserer afrikanischen Mitarbeiterinnen sagte sinngemäß: »Kinder sind wie Vögel. Sie werden uns ins Nest gelegt. Wir ziehen sie groß. Doch eines Tages fliegen sie fort. Der Ehepartner aber bleibt. Wir dürfen ihn nicht aus den Augen verlieren.«
Wenn die Kinder gehen werden, muss unser Ehepartner unser wichtigstes Gegenüber geworden oder auch geblieben sein. Mit ihm werden wir alt werden, nicht mit unseren Kindern. Mit ihm müssen wir bis dahin gelernt haben, in der Unterschiedlichkeit nicht gegeneinander zu kämpfen, sondern uns zu ergänzen.
Es wird Konflikte und verschiedene Meinungen geben, immer wieder, je nachdem, wie unterschiedlich wir sind. Aber wir müssen auch immer neu die Vergebung einüben, damit wir im Älterwerden ein Ja zueinander finden.
Die vorgelebte Ehe kann auch unseren Kindern helfen, ihre eigene Ehe zu bewältigen. Kinder dürfen Auseinandersetzungen mitbekommen, aber sie sollten auch miterleben dürfen, wie man zur Versöhnung findet.

Den Kindern müssen wir Ehe vorleben, damit sie sich darauf freuen, einmal Ehe leben zu dürfen.

Wir haben als Eltern eine Würde
Unsere Kinder dürfen uns diese Würde nicht nehmen. Auch als Ehepartner sollen wir darauf achten, dass unsere Kinder nicht negativ über unseren Partner sprechen. Aufarbeiten, ja! Beschimpfen, nein!

Wollten Sie wieder so viele Kinder?
Sieben unserer Kinder sind inzwischen verheiratet. Wir haben sechs wundervolle Enkelkinder. Nur noch drei Kinder leben mit uns im Haus. Wenn man mich heute fragen würde: »Wolltest du das alles noch einmal mitmachen?«, dann könnte ich nur antworten: Ja, mit Gottes Hilfe! Und nur mit diesem Mann, den ich habe!

Kinder und Großfamilie
Leider fällt man in unserer heutigen Gesellschaft schnell unter den Begriff asozial, wenn man mehr als drei Kinder hat. Dabei lernen Kinder besonders in einer größeren Geschwisterschar fast automatisch, sich sozial zu verhalten. Sonst funktioniert solch ein Gefüge nicht. Außerdem gibt es Studien, dass Kinder aus großen Familien sich stärker profilieren.
Georg Lockemann versuchte über Jahrzehnte hindurch möglichst zuverlässige Angaben über die Geschwisterzahl bekannter Persönlichkeiten zu sammeln. Er fand dabei heraus, dass viele bedeutende Menschen später oder sehr spät geborene Kinder waren. Fünftes Kind waren Rembrandt und Schumann, siebtes Kind Mozart und Mörike, achtes Kind Johann Sebastian Bach, neuntes Kind Richard Wagner ...
Katharina von Siena (1347–1380) war mit ihrer früh verstorbenen Zwillingsschwester das jüngste von 25 Kindern einer Mutter. Katharina hat in der Geschichte ihrer Zeit eine bedeutende Rolle gespielt, auch in der Politik, damals höchst ungewöhnlich für Menschen aus dem gewöhnlichen Volk (ihr Vater war Wollfärber).

Ich wünsche mir für alle Ehepaare, dass sie Mut bekommen, Ja zu sagen zu mehreren Kindern. Gott konnte uns keine größere, schönere und anstrengendere Aufgabe schenken, als Kindern den Weg ins Leben zu zeigen. Und Er gibt auch die Kraft dazu.

Ruth Heil

Was denken Ihre Kinder heute über ihre Kindheit in der Großfamilie?

Damaris, 34 Jahre, zwei Kinder
von Beruf Bäckerin, lebt in den USA

Ich bin wirklich gern in der Großfamilie aufgewachsen. Meine Schwestern waren und sind noch meine besten Freundinnen. Ich kann sie zu jeder Uhrzeit anrufen, und sie sind für mich da. Als Mädchen spielte ich sehr gerne mit Barbiepuppen. Immer hatte ich jemanden zum Mitspielen. Wenn ich Lust auf Verstecken hatte, fand sich auch immer jemand. Und ein besonderes Vergnügen war es, wenn wir zusammen auf unseren Ponys in Wiesen und Wald unterwegs waren. Die jüngeren Geschwister gebrauchte ich hauptsächlich dazu, dass sie meine Arbeiten erledigten. Dafür bezahlte ich sie oder verschaffte ihnen andere Vorteile. Ich kann mich nicht daran erinnern, dass uns etwas gefehlt hat. Zwar besaß ich nicht alle Kleider, die ich gerne gehabt hätte. Aber die Auswahl war größer, da wir Schwestern uns die Klamotten untereinander ausliehen.
Ihr lieben Eltern, wir haben so sehr viel mehr gehabt, als Einzelkinder hatten, denn wir hatten uns als Geschwister. Du, Mama, warst oft mit uns auf Tour, hast Burgen mit uns erstiegen, Abenteuer im Wald ausgedacht, bist mit uns mit dem alten Ponywagen zu Picknickausflügen gestartet. Du hast mit uns gebastelt und uns auf alten Tellern Bauernmalerei beigebracht, du spieltest abends mit uns Versteck im Dunkeln, hast Geschichten erfunden, in denen unsere Namen vorkamen. Unsere Urlaube in von Freunden zur Verfügung gestellten ganz einfachen Häusern waren der Höhepunkt. Was haben wir miteinander gelacht, gesungen, gebetet.
Papa, wann immer wir deine Nähe im Büro suchten, hast du dich stören lassen. Du ließest uns Briefmarken auswählen, riefst uns, wenn ein Entenküken schlüpfte, rettetest einmal ein paar dieser Tiere aus dem Bach, als sie es wegen Erschöpfung nicht über den Bach schafften. Mama föhnte sie dann so lange trocken, bis wieder Leben in sie kam.
Als ich später selbst Kinder hatte, durfte ich sie immer bei euch abladen, wenn ich keine Kraft mehr hatte.
Danke, ihr seid die Besten!

Miriam, verheiratet, ein Kind
Tierärztin, lebt in den USA

Ich empfand meine Kindheit aus verschiedenen Gründen als schwierig.
Wir wohnten, als ich jünger war, außerhalb des Ortes. Dadurch fühlte ich mich von Klassenkameraden und Freunden abgeschnitten. Zudem war ich kein Kind, das besonders kontaktfreudig war. Ihr hattet damals noch nicht so viele Transportmöglichkeiten wie heute, was das Ganze zusätzlich erschwerte.
Leider wurden wir in dem kleinen Dorf, in das wir gezogen waren, zunächst auch nicht in die enge Dorfgemeinschaft aufgenommen und wurden als Außenseiter behandelt. Das tat weh.
Durch die begrenzten finanziellen Möglichkeiten entwickelte ich mich zu einem Sparminister, der sich und anderen wenig gönnte.
Heute meine ich, dass ich besser in eine Kleinfamilie gepasst hätte mit mehr individueller Aufmerksamkeit.
Ich glaube aber nicht, dass mir jemand Böses zugefügt hat oder ich ungeliebt gewesen bin. Es war eher die Gesamtsituation, die ich als schwierig empfand.
Im Nachhinein, wo ich selber Mutter eines Kindes bin, staune ich darüber, wie viel Geduld du mit uns hattest, Mama, kann kaum begreifen, dass du nicht wahnsinnig wurdest. Was hast du nicht alles mit uns unternommen: Burgenwanderungen, Ponyfahrten, Urlaube! Meine Lieblingsspiele, die du mit uns zusammen spieltest, waren »Verstecken im Dunkeln« und »Räuber und Gendarm«. Du hattest immer viel Liebe für uns und ein offenes Ohr.
Und wir durften viele Tiere haben! Das ist ja heutzutage mein Beruf als Tierärztin. Und ich merke, wie unsere kleine Tochter auch ganz wild auf Tiere ist. Das ist anscheinend auch im Erbgut von Papa, der uns das alles ermöglichte: Katze, Vögel, Ponys, Meerschweinchen, Hasen, Schildkröte (außer Elefanten, meinen Lieblingstieren).
Ich bin froh über meine Geschwister (dadurch bekomme ich auch immer wieder Besuch aus Deutschland) und stolz darauf, aus einer einmaligen, großen und interessanten Familie zu kommen! Wenn man Geschwister hat, hat man automatisch ein paar sehr gute Freunde.
Ich hab dich und Papa mit dem ganzen Rest ganz arg lieb!

Ruben, 30 Jahre, verheiratet, zwei Kinder
Offizier, studiert Maschinenbau

Im Rückblick muss ich sagen, dass ich eine wirklich schöne Kindheit gehabt habe.
Es gab positive und negative Aspekte. Hier meine Gedanken in Stichworten.

Negativ:
- Viele Geschwister haben oft genervt.
- Manchmal kam man sich verloren vor, einer unter vielen.
- Ich hatte manchmal ein Gefühl zwischen Resignation und Wut, mich gegen ältere Schwestern behaupten zu müssen. Das verschwand, als ich älter und stärker wurde. (Ruben hat drei ältere Schwestern.)
- Ich war sehr unsicher in meinen Teenagerjahren. Habe dies überwunden, als meine körperliche Kraft in Verbindung mit Sport und Akzeptanz in der Clique zunahm.
- Gehänsel in der Schule wegen der vielen Geschwister und des Nachnamens ›Heil‹, war oft verletzend, härtete mich aber auch ab.
- Leider zu wenig Kontakte zu lebendigen Gemeinden, deshalb kam ich mir manchmal exotisch vor.
- Leider konnten wir nie Skiurlaub machen, weil wir nicht genug Geld hatten.
- Manchmal hat es genervt, dass man kein Geld für bestimmte Dinge hatte.
- Beim Vergleichen mit meinen Freunden habe ich mir oft eine andere Familie gewünscht.

Positiv:
- viele Geschwister zum Spielen
- Bei unserem Haus, in dem wir wohnten, war viel Platz zum Austoben, es war wie ein Abenteuerspielplatz.
- aufgewachsen im christlichen Elternhaus, dadurch umfassende Bibelkenntnisse
- Papa war immer zu Hause – hervorragende Hausaufgabenhilfe
- Geschätzt habe ich das Vertrauen, das die Eltern in Bezug auf die Uhrzeit hatten, als ich anfing, abends wegzugehen. Ich habe mich nie bedrängt oder eingeengt gefühlt.

– schöne Urlaubserinnerungen, Texel und Österreich

Heutzutage muss ich sagen, dass ich viel Freude an den kleinen Dingen des Lebens habe, wofür andere gar kein Gespür haben. Viele Entscheidungen konnte ich als Kind nicht nachvollziehen, heute selbst Vater, verstehe ich vieles besser und kann manche Entscheidungen der Eltern begreifen.
Je älter ich werde, desto besser verstehe ich mich mit allen Geschwistern, bis auf eine Ausnahme. Leider verliert sich zu manchen der Kontakt aufgrund meiner Faulheit, Briefe oder E-Mails zu schreiben.
Bevor ich auszog, gab es viele Spannungen, begründet durch mein unreifes, halbstarkes Verhalten. Heute sehe ich es als wichtigen Schritt an, als Erwachsener von zu Hause auszuziehen. Dieser Weg in die Selbstständigkeit heißt nicht, die Tür hinter sich zuzuwerfen, sondern auf den eigenen Füßen stehen zu lernen und selbst Verantwortung für Entscheidungen zu tragen.
Aber man ist auch Herr über sich selbst und bekommt keine Vorschriften mehr.
Ich finde, dass mein Vater mich dabei super begleitet hat. Er gab mir seine Erfahrungen weiter, wie man mit Geld, Versicherungen und anderem sinnvoll umgeht, ohne dass er mich zu etwas gedrängt hätte. Ich fühlte mich richtig gut beraten.
Nachdem ich schon seit zehn Jahren von zu Hause weg bin, blicke ich mit viel Dankbarkeit und Freude auf meine Kindheit zurück. Ich hege keinen Groll mehr gegen irgendjemanden. Meine Familie hat mich geformt und die Grundzüge für mein jetziges Leben gelegt. Ich habe euch lieb und wünsche mir, keine anderen Eltern gehabt zu haben.

Sulamith, 27 Jahre, verheiratet
Wirtschaftsingenieurin

Wie ich meine Kindheit in der Großfamilie empfand:
Ein Teil der Großfamilie zu sein, bedeutet anders zu sein. Ich empfand es als Kind unangenehm, anders zu sein. Als Kind (ich denke mal, dass das generell so ist) will man so sein wie alle anderen. Man

will zwar mal die Beste der Klasse sein, aber man will nicht einen ungewöhnlichen Namen haben, aus dem Quatsch kreiert wird. Man will nicht zehn Geschwister haben und deshalb als komisch empfunden werden, was einen zusätzlich daran hindert, zu den »In-Leuten« gehören zu können. Eigentlich habe ich mir als Kind öfter mal gewünscht, einen Namen wie Melanie und nur ein oder zwei Geschwister zu haben.

Aber es war das mangelnde Selbstbewusstsein in der Kindheit, das den Wunsch nach Durchschnitt, nach der großen Masse hervorrief. Innerhalb der Familie hatte ich als Kind den Eindruck, dass manche Geschwister anders behandelt wurden. Ich empfand es als ungerecht, dass sie, da sie mehr nervten, dadurch öfter ihren Willen durchsetzen konnten als ich. Sie bekamen mehr (an materiellen Werten) als ich, weil sie mehr forderten. Ich war damals zurückhaltender, da mir die finanzielle Situation meiner Eltern mehr bewusst war.

In manchen Zeiten hatte ich das Bedürfnis, Dinge zu erzählen, aber das Gefühl, es wurde mir nicht richtig zugehört. Ich hatte den Eindruck, es gäbe keine Zeit, diese Dinge wahrzunehmen, die mich gerade beschäftigen und die ich gerne mit jemandem teilen wollte. Dieses Thema beschäftigt mich teilweise heute noch in der Form, dass ich, auch gegenüber Freunden, nicht viel von mir erzähle, und immer genau darauf achte, ob mir der Gesprächspartner auch 100-prozentig zuhört. Wenn ich den Eindruck habe, dass er das nicht tut, bringe ich meine Geschichte schnell zu Ende und denke: Wenn's dich nicht interessiert, dann erfährst du nichts von mir!

Vorteile der großen Familie sah ich damals darin, dass man nicht alleine war mit seinem Anderssein. Die großen Geschwister galten teilweise als Vorbild, wie man mit so etwas umgehen kann. Ältere Geschwister stellten aber auch eine Herausforderung dar. Einerseits will man manche Dinge so machen wie sie. Andererseits ist man immer die Kleine bei vielen Großen, die weniger Rechte hat.

Allerdings erfindet man auch Strategien, wie man sich trotzdem durchsetzen kann.

Das hilft auch später im Leben.

Persönlich brachte es mir viel, zu sehen, dass das, was die anderen Geschwister schon erreicht hatten, nicht unendlich weit weg ist, sondern möglich ist, wenn auch erst in der Zukunft.

Die Verschiedenartigkeit der Geschwister lehrt einen zu beurteilen, abzuschätzen, zu bewerten, sie fördert Menschenkenntnis. Und man wird täglich im Umgang mit diesen unterschiedlichen Typen von Menschen herausgefordert, weil man damit umgehen muss.
Ich merkte schließlich, dass es etwas Besonderes ist, anders zu sein. Als mein Selbstbewusstsein irgendwann entsprechend ausgeprägt war, verwandelte sich extrem viel von dem, was ich früher nicht so angenehm fand, in Positives.
Heute bin ich froh, nicht beim Durchschnitt zu sein und nicht Melanie zu heißen. Ich freue mich darüber, teilen gelernt zu haben und gerne zu geben.
Und auch das ist ein großes Plus für mich, dass ich weiß: Es wird in meinem Leben wohl nie eine Situation geben, in der meine Familie nicht da sein wird. Das fängt vieles auf.
Dies veranlasst mich häufig zu dem Gedanken: Was ist das Schlimmste, was dir passieren kann, wenn etwas schief läuft? Und als Antwort spüre ich: Da gibt es kaum etwas, was ich als unlösbare Situation sehe, eben weil ich diese Familie habe!
Durch die große Familie konnte man sich nicht alle materiellen Dinge leisten, die man sich früher oft wünschte. Heute weiß ich, man kommt auch gut ohne diese Dinge zurecht. Sie sind angenehm, aber nicht notwendig zum Glücklichsein.
Ich sehe das Ganze insgesamt eigentlich sehr positiv!
Rückblickend muss ich sagen, dass ich es schön finde, in einer großen Familie aufgewachsen zu sein, heute viele Geschwister zu haben, die meine Familie ausmachen. Leider gibt es auch Geschwister, mit denen es keinerlei Gemeinsamkeiten gibt.
Es ist definitiv etwas Besonderes, in einer großen Familie groß zu werden. Und es ist mein Leben, das ich in diesem Punkt nicht anders haben möchte!

Rahel, 22 Jahre, verheiratet
Fremdsprachensekretärin

Als Kind fand ich es immer peinlich, die Zahl meiner Geschwister zu nennen, weil die Leute immer darauf reagierten, als sei man asozial. Deshalb war meine Antwort auf die Zahl der Geschwister: »Ich habe fünf Schwestern.« Nur wenn sie nach Brüdern fragten, fügte ich die fünf Brüder dazu.

Inzwischen bin ich allerdings stolz darauf, so eine große Familie zu haben. Und andere Leute finden es auch faszinierend, vor allem wenn ich von dem guten Verhältnis spreche, das unter uns herrscht. Früher versuchte ich, so oft wie möglich von daheim wegzukommen. Inzwischen versuche ich, so oft wie möglich am Wochenende heimzukommen. Wenn ich dann daheim bin, unternehme ich zwar auch etwas mit Freunden, aber die Familie steht im Vordergrund.

Der Satz »Schwestern bzw. Geschwister sind die besten Freunde« reizte mich früher, einfach darüber zu lachen. Denn ich hätte meine gerne jemandem gegeben, der so dachte. Doch inzwischen kann ich diesen Satz nur bestätigen.

Auch wenn meine Brüder und Schwestern mich früher ärgerten und nervten, so würde ich doch behaupten, dass ich die schönste Kindheit hatte, die man sich vorstellen kann. Meine Eltern hatten zwar oft Seelsorgegespräche, aber wir konnten trotzdem zu ihnen kommen und sie stören, sogar wegen Kleinigkeiten. Meine Mutter hat die meisten Vortragstermine so gelegt, dass wir Kleinen sie dabei begleiten konnten. So haben wir viel gesehen und manchmal auch vor Ort noch etwas unternommen. Obwohl meine Mutter oft unterwegs war und auch daheim genug Post, Seelsorgetelefonate und -gespräche zu erledigen hatte, haben wir oft etwas unternommen.

Ein sehr beliebtes Ausflugsziel war der Wild- und Wanderpark, wo wir als Kinder sehr gerne hingegangen sind. Auch mein Vater, der immer genug zu tun hatte, war jederzeit bereit, die Arbeit liegen zu lassen und bei den Hausaufgaben zu helfen (er weiß so ziemlich alles, was man wissen kann ...).

Salome, 20 Jahre
Studiert Grund- und Hauptschulpädagogik (Mathematik und ev. Religion)

Früher habe ich unter der großen Familie gelitten, weil ich das Nesthäkchen war. Von Eltern und Tante wurde ich heiß geliebt, von den Geschwistern dagegen »erzogen«. Immer war ich die Kleine und in den Augen der anderen wurde ich verwöhnt.

Wenn ich besondere Wünsche hatte, die nicht so leicht zu erfüllen waren, musste ich dafür arbeiten und sehr sparsam sein. Das gab den Dingen dann auch einen besonderen Wert, und ich konnte mich daran lange Zeit richtig freuen.

Ich hatte Unterstützung in der Schule. Mama ging zu den Elternabenden und setzte sich oft für die ganze Klasse ein. Die Eltern bezahlten mir den Führerschein, auch wenn es ihnen nicht leicht fiel. Wann immer möglich, durfte ich das Auto benutzen.

Dankbar bin ich auch dafür, dass ich, wie die anderen Geschwister auch, ein Instrument lernen durfte. Manchmal war ich faul und wollte nicht mehr. Heute bin ich froh, dass die Eltern durchgehalten haben, dass ich weitermachen musste. Musik ist inzwischen für mich so wichtig geworden, auch deshalb, weil ich am Klavier manchmal meine Aggressionen abbauen kann.

Dass die Eltern uns Haustiere erlaubt haben, wundert mich immer noch. Denn sie hatten genug Arbeit mit anderen Dingen. Doch meine Katze ist ein richtiges Gegenüber und reagiert auf mein Rufen. Das hat mir über manchen Kummer hinweggeholfen. Unser Hund Bonni, ein Rottweiler, begleitet mich, wenn ich durch den Wald jogge, und gibt mir das Gefühl von Sicherheit. Sogar unsere Enten, die niemals geschlachtet werden, sind so anhänglich und persönlich.

Heute bin ich sehr froh darüber, eine große Familie zu haben, weil ich immer jemanden habe, mit dem ich über alles sprechen kann. Außerdem sind für mich meine Geschwister und Eltern meine besten Freunde. Mit manchen meiner Geschwister bin ich enger verbunden als mit anderen.

Meine Familie gibt mir Liebe, Geborgenheit, Anerkennung. Ich finde eine große Familie cool und außergewöhnlich. Die Vorstellung, als Einzelkind aufzuwachsen, ist für mich schrecklich und undenkbar. Ich danke Gott, dass ich so tolle Eltern habe.

Junias, 15 Jahre
Gymnasiast

Früher störte es mich schon, dass ich in einer so großen Familie lebte, und ich wurde deshalb manchmal in der Schule geärgert. Aber heute bin ich froh, dass alles so ist, wie es ist. Durch zwei meiner Schwestern kommt man auch öfter nach Amerika.

Mit meinen Eltern bin ich insofern zufrieden, weil sie u. a. Verständnis bei schlechten Noten zeigen (was ja nie vorkommt), außerdem profitiere ich von allem, was sie bei den anderen gelernt haben. Am meisten freut es mich, dass sie nach all den Jahren der Ehe, des Stresses usw. noch zusammenhalten und immer noch verliebt sind. Alles in allem bin ich bei der richtigen Familie gelandet!